Inhaltsverzeichnis

Deutschland 1945 bis 1949

Die bedingungslose Kapitulation – Niederlage oder Befreiung? 4
Alliierte Besatzungspläne (1) – Die Potsdamer Konferenz 5
Alliierte Besatzungspläne (2) – Das Potsdamer Abkommen 6
Flucht und Vertreibung (1) 7
Flucht und Vertreibung (2) 8
Das (Über)Leben in Zeiten der Not (1) 9
Das (Über)Leben in Zeiten der Not (2) 10
Das (Über)Leben in Zeiten der Not (3) 11
Der Einfluss des Krieges auf die Familie nach 1945 (1) 12
Der Einfluss des Krieges auf die Familie nach 1945 (2) 13
Der Nürnberger Prozess (1) 14
Der Nürnberger Prozess (2) 15
Der politische Neubeginn im Westteil Deutschlands (1) 16
Der politische Neubeginn im Westteil Deutschlands (2) 17
Der politische Neubeginn im Ostteil Deutschlands (1) 18
Der politische Neubeginn im Ostteil Deutschlands (2) 19
Das Wunder der D-Mark – die Währungsreform 20
Deutschlands Weg in die Teilung (1) 21
Deutschlands Weg in die Teilung (2) 22
Deutschlands Weg in die Teilung (3) 23

Bundesrepublik und DDR in den 1950er und 1960er Jahren

Eingliederung der deutschen Staaten in das westliche Bündnis und den Ostblock (1) 24
Eingliederung der deutschen Staaten in das westliche Bündnis und den Ostblock (2) 25
Opposition in Westdeutschland – die Wiederbewaffnung 26
Widerstand in der DDR – der Aufstand vom 17. Juni 27
„Das Wirtschaftswunder" in der BRD (1) 28
„Das Wirtschaftswunder" in der BRD (2) 29
Planwirtschaft in der DDR 30
Berlin-Krise und Mauerbau (1) – Die Haltung der Supermächte 31
Berlin-Krise und Mauerbau (2) – Reaktion auf den Mauerbau 32
Berlin-Krise und Mauerbau (3) – Bewertung der Mauer in Ost und West 33

Lernzirkel: Alltag in der DDR und in der BRD

Grundlegende Informationen – Aufgabenstellung und Stationen 34
Station 1: Jugend und Erziehung in der DDR (1) und (2) 35
           Jugend und Erziehung in der BRD 37
Station 2: Reisen in der BRD (1) und (2) 38
           Reisen in der DDR 40
Station 3: Frauenbild in der BRD 41
           Frauenbild in der DDR 42
Station 4: Verdrängung in der BRD 43
           Vereinnahmung in der DDR 44
Station 5: Massenkultur in der BRD 45
           Der „Sozialistische Realismus" in der DDR 46

Das Verhältnis der Supermächte: der Kalte Krieg

Propaganda durch Feindbilder (1) 47
Propaganda durch Feindbilder (2) 48
Der Wettlauf im All (1) 49
Der Wettlauf im All (2) 50

Rivalität im Sport (1) 51
Rivalität im Sport (2).. 52
Die Kuba-Krise (1) – Ausgangslage 53
Die Kuba-Krise (2) – Verlauf 54
Die Kuba-Krise (3) – Lösung des Konfliktes... 55
Der Kalte Krieg im Spielfilm 56

Lernzirkel: Der Vietnamkrieg als Stellvertreterkrieg

Grundlegende Informationen – Aufgabenstellung und Stationen 57
Station 1: Gründe für das Eingreifen der USA 58
Station 2: Verlauf des Krieges (1)... 59
     Verlauf des Krieges (2) 60
Station 3: Die Kriegsführung des Vietcong 61
Station 4: Die Kriegsführung der USA 62
Station 5: Die Rolle der Medien im Vietnamkrieg... 63
Station 6: Proteste gegen den Vietnam-Krieg 64
Station 7: Beendigung des Krieges – Folgen für die USA 65
Station 8: Folgen des Krieges für Vietnam 66
Station 9: Die Verarbeitung des Vietnamkriegs im amerikanischen Film 67

Gesellschaft im Aufbruch

Parolen der Studentenbewegung (1) 68
Parolen der Studentenbewegung (2).. 69
Schule und Erziehung 1968 70
Politik und Emanzipation – Aufbruch der Frauen (1).. 71
Politik und Emanzipation – Aufbruch der Frauen (2) 72
Die Notstandsgesetze (1).. 73
Die Notstandsgesetze (2) 74
Vom Protest zum Terror 75
Hintergründe des Terrors 76
Reaktionen des westdeutschen Staates auf den Terrorismus 77

Die 1970er Jahre bis zur Wiedervereinigung

Die Ostverträge der Regierung Brandt 78
Willy Brandts Kniefall vor dem Mahnmal des Warschauer Ghettos........................ 79
Opposition in der DDR – Dissidenten (1) 80
Opposition in der DDR – Dissidenten (2) 81
Die kirchliche Friedensbewegung in der DDR... 82
Der Eiserne Vorhang wird durchlässig: Gorbatschows Reformpolitik 83
Verlauf der „friedlichen Revolution" von 1989 (1).. 84
Verlauf der „friedlichen Revolution" von 1989 (2) 85
Demonstration als friedliches Protestmittel 86
Wege für die Wiedervereinigung im Grundgesetz 87
Die Wiedervereinigung (1).. 88
Die Wiedervereinigung (2) 89

Ereignisse im Überblick

Briefmarkenquiz zur Zeit 1945–1949... 90
„Fieberkurve" zum Ost-West-Verhältnis... 91
DM-Münzen als Quellen.. 92
Die Welt nach 1945 – „Geschichts"-Tabu 93

Anmerkungen 94

Vorwort

Die Zeit nach 1945 bietet die Chance, aber auch die komplexe Aufgabe, Deutschlands Geschichte in Abhängigkeit vom internationalen Kontext zu erarbeiten. Ziel des Arbeitsheftes ist es daher, die Entwicklung der zwei deutschen Staaten von der Teilung bis zur Wiedervereinigung aus unterschiedlichen Perspektiven her zu beleuchten.

Die ersten drei Einheiten (S. 4–46) thematisieren die Situation Nachkriegsdeutschlands und dessen Abhängigkeit von den Siegermächten. Neben der quellenorientierten Erarbeitung von Mechanismen der alliierten Besatzungspolitik wird hierbei großer Wert auf den affektiven Zugang über die Alltagsgeschichte gelegt. Die politische und wirtschaftliche Teilung der beiden Staaten soll dabei ebenso wie die Entwicklung der Alltagskultur und Mentalität in der Bundesrepublik und der DDR aufgrund ihres unterschiedlichen Selbstverständnisses erarbeitet werden. Durch die direkte Gegenüberstellung von „Parallelwelten" wie „Erziehung" oder „Reisen" bietet sich die Möglichkeit, ein tieferes Verständnis für die unterschiedlichen Lebensräume in Ost und West zu wecken.

Die darauf folgenden zwei Einheiten (S. 47–67) sollen den Kalten Krieg der Supermächte als weltpolitischen Hintergrund der deutschen Teilung bewusstmachen. Die Erkenntnis der Instrumentalisierung von Feindbildern durch die Politik kann hierbei aktuelle Bezüge zu gegenwärtigen Konflikten schaffen. Ein großer Raum ist dem Vietnamkrieg gewidmet, der sowohl für die gegenwärtige US-Politik als auch für die amerikanische Gesellschaft bis heute einen wesentlichen historischen Bezugspunkt darstellt. Im Mittelpunkt der nächsten beiden Abschnitte (S. 68–89) stehen die 1970er und 1980er Jahre als Zeit der Veränderung auf gesellschaftlicher Ebene einerseits und auf politischer Ebene andererseits. Gerade der Weg zur Wiedervereinigung wird hierbei multikausal thematisiert. Die letzte Einheit bietet den Schülerinnen und Schülern die Möglichkeit, das erarbeitete Wissen in unterschiedlichen methodischen Ansätzen zu sichern und anzuwenden. Diese Kopiervorlagen können auch in Vertretungsstunden oder als spielerischer Test des Wissensstands zu Beginn des neuen Schuljahrs eingesetzt werden.

Die unabhängig voneinander im Unterricht zu verwendenden Arbeitsblätter sollen ausgewählte Lernziele erarbeiten bzw. vertiefen helfen. Die Auswahl der Themen richtet sich nach lehrplanrelevanten Einheiten, die zum gängigen „Repertoire" dieses Zeitabschnittes gehören, welche mit den Arbeitsblättern aber methodisch anders als mit dem Schulbuch unterrichtet werden können. Zudem werden unterschiedliche Aspekte der Sozial- und Gesellschaftsgeschichte thematisiert, die der Vertiefung dienen. Dabei wird ein besonderer Wert auf die Nähe zur Lebenswelt der Schülerinnen und Schüler gelegt (z. B. durch Inhalte wie Schule, Film, Musik), um eine zusätzliche Motivierung zu erreichen. Bei den Aufgabenstellungen wurden reflektierende und wertende Fragen eingebracht. An geeigneten Stellen können sich die Schülerinnen und Schüler zudem die Bedeutung des jeweiligen Unterrichtsgegenstandes für die Gegenwart bewusstmachen bzw. politische Handlungsweisen auf heute übertragen. Damit soll den veränderten politischen Koordinaten nach dem Ende der bipolaren Weltordnung ab 1990 Rechnung getragen werden. Anregungen für weiterführende Projekte finden sich im Anmerkungsteil.

Ein methodischer Schwerpunkt liegt auf der Einübung von fachspezifischen Arbeitsweisen wie der Interpretation von Karikaturen, Bildquellen oder auch Statistiken. Dabei richtet sich ein besonderes Augenmerk auf die Selbsttätigkeit und Transferleistung der Schüler. Neben der Vorinformation durch die Lehrkraft soll an einigen Stellen Informationsbeschaffung mit Hilfe von Lexika oder über das Internet selbstständig durch die Schülerinnen und Schüler geleistet werden.

Bei den Lernzirkeln zum Gesellschaftsvergleich in den 1950er Jahren und zum Vietnamkrieg steht das exemplarische Lernen im Vordergrund. Hier bietet es sich an, auch audiovisuelle Medien (Videos) v. a. bei den Wahlstationen einzusetzen. Ein Hinweis auf mögliche mediale Ergänzungen wird bei den Einheiten gegeben.

Ein weiterer Schwerpunkt liegt auf der arbeitsteiligen Team-Arbeit, sodass verschiedene Aspekte eines Themenbereichs (z. B. die Erscheinungsformen des Kalten Krieges) beispielhaft von unterschiedlichen Gruppen erarbeitet und anschließend in der Klasse diskutiert werden können. Natürlich können die Arbeitsblätter je nach Themenschwerpunkt auch isoliert für Einzel- oder Partnerarbeit eingesetzt werden.

Unabhängig von der gewählten Arbeitsform sollen die Schülerinnen und Schüler sensibilisiert werden, das Deutschland von heute als Ergebnis eines langen und wechselvollen internationalen und gesellschaftlichen Prozesses zu begreifen.

Sigrid Deinzer
Knut Richartz
Kerstin Stöckel
(Autoren)

Stephan Reuthner
(Herausgeber)

DIE BEDINGUNGSLOSE KAPITULATION – NIEDERLAGE ODER BEFREIUNG?

Am 8. Mai 1945 fand der Zweite Weltkrieg durch die bedingungslose Kapitulation Deutschlands sein Ende. Zum 40. Jahrestag 1985 bezeichnete der damalige deutsche Bundespräsident Richard von Weizsäcker dieses Ereignis als ein Datum der Befreiung, was aber nicht nur Zustimmung in der öffentlichen Meinung fand, sondern durchaus konträr diskutiert wurde.

→ Stelle anhand der Fotos Aspekte gegenüber, die für und gegen die Meinung Weizsäckers sprechen. Gehe dabei möglichst auch auf weitreichendere Folgen der bedingungslosen Kapitulation ein.

Demontage von Industrieanlagen durch die alliierten Besatzungsmächte

Wahl der Stadtverordneten von Groß-Berlin und der Bezirksverordneten in den Berliner Verwaltungsbezirken im Oktober 1946

Niederlage	Befreiung

Heimkehrer aus der Sowjetunion 1945

KZ Dachau nach der Befreiung durch US-Truppen 1945

Brandenburger Tor, Berlin, im Mai 1945

(Fotos: akg-images)

→ Vergleicht und diskutiert eure Ergebnisse in 4er- oder 5er-Gruppen.

→ Befragt Menschen aus eurem Umfeld (Verwandte, Bekannte), die die Nachkriegszeit miterlebt haben, nach ihren Erlebnissen. Wertet in Gruppen die Interviews bezüglich der Gemeinsamkeiten, der Unterschiede und hinsichtlich ungewöhnlicher Anekdoten aus.

→ Erstellt eine Schautafel oder eine Wandzeitung mit euren Ergebnissen.

ALLIIERTE BESATZUNGSPLÄNE (1) – DIE POTSDAMER KONFERENZ

Schon während des Krieges hatten die Regierungschefs der Anti-Hitler-Koalition Großbritannien, UdSSR und USA Pläne für den Umgang mit dem besiegten Deutschland. Konkrete Beschlüsse sollten jedoch erst auf der Konferenz von Potsdam (17. Juli bis 2. August 1945) erfolgen, auf der zum Teil konträr um die Zukunft Deutschlands und damit auch Europas gerungen wurde. Während des Krieges hatte der gemeinsame Feind noch viele Gegensätze verdeckt. In Potsdam wurde u. a. darüber diskutiert, was man überhaupt unter „Deutschland" verstehen könne.

Auszug aus dem Protokoll von Potsdam:

Churchill: Ich möchte nur eine Frage stellen. Ich bemerke, dass hier das Wort „Deutschland" gebraucht wird. Was bedeutet „Deutschland" jetzt? Kann man es in dem Sinne verstehen wie vor dem Kriege?
Truman: Wie fasst die sowjetische Delegation diese Frage auf?
Stalin: Deutschland ist das, was es nach dem Kriege wurde. Ein anderes Deutschland gibt es jetzt nicht. So verstehe ich die Frage.
Truman: Kann man von Deutschland sprechen, wie es 1937 vor dem Kriege war?
Stalin: So wie es 1945 ist.
Truman: Es hat 1945 alles eingebüßt. Deutschland existiert jetzt faktisch nicht.
Stalin: Deutschland ist, wie man bei uns sagt, ein geographischer Begriff. Wollen wir es vorläufig so auffassen! Man darf nicht von den Ergebnissen des Krieges abstrahieren.
Truman: Ja, aber es muss doch irgendeine Definition des Begriffes „Deutschland" erfolgen. Ich meine, das Deutschland von 1886 oder 1937 ist nicht dasselbe wie das Deutschland von heute, 1945.
Stalin: Es hat sich infolge des Krieges verändert, und so fassen wir es auf.
Truman: Ich bin damit völlig einverstanden, aber es muss trotzdem eine gewisse Definition des Begriffes „Deutschland" erfolgen.
Stalin: Denkt man beispielsweise daran, im Sudetengebiet der Tschechoslowakei die deutsche Verwaltung wieder einzusetzen? Das ist das Gebiet, aus dem die Deutschen die Tschechen vertrieben haben.
Truman: Vielleicht werden wir trotzdem von Deutschland, wie es vor dem Kriege im Jahre 1937 war, sprechen?
Stalin: Formal kann man es so verstehen, in Wirklichkeit ist es nicht so. Wenn in Königsberg eine deutsche Verwaltung auftauchen wird, werden wir sie fortjagen, ganz gewiss fortjagen. (…)

(Zitiert nach: Alexander Fischer [Hrsg.]: Die sowjetischen Protokolle der „Großen Drei". Köln ²1973, S. 214 f.)

→ Vergleiche die beiden hier auftauchenden Vorstellungen des Status von Deutschland und vollziehe die Argumentation Stalins nach. Welche möglichen Folgen hätte Stalins Einstellung für Deutschland haben können?

→ Charakterisiere die Atmosphäre zwischen den Gesprächspartnern.

ALLIIERTE BESATZUNGSPLÄNE (2) – DAS POTSDAMER ABKOMMEN

Folgende Karte gibt einen ersten Eindruck der alliierten Beschlüsse der Konferenz von Potsdam und ihrer Vorgängerkonferenz von Jalta wieder.

➡ Informiere dich mit Hilfe von Lexika, Internet oder Fachbüchern über die Inhalte der beiden Abkommen. Gestalte dann mit Farben, Symbolen und Beschriftungen die Karte so, dass aus ihr die wesentlichen Vereinbarungen hervorgehen. Nutze für nähere Erklärungen die Schreibzeilen.

_____

_____

_____

_____

_____

_____

_____

_____

➡ Bildet drei Gruppen als Verhandlungsdelegationen der UdSSR, der USA und Großbritanniens. Sprecht in der Gruppe eure Verhandlungspositionen und Ziele ab und formuliert sie stichpunktartig. Führt vor der Klasse ein Streitgespräch zwischen den Sprechern der Delegationen durch, in dem die Parteien ihre jeweilige Position durchzusetzen versuchen.
Bildet eine weitere Gruppe aus kritischen deutschen Journalisten, die versucht, Fragen der deutschen Position zu formulieren.

FLUCHT UND VERTREIBUNG (1)

Ab dem Ende des Jahres 1944 kam es mit zunehmendem Rückzug der deutschen Wehrmacht und dem Vorrücken der Roten Armee zur so genannten „wilden" Vertreibung von Deutschen aus osteuropäischen und südosteuropäischen Gebieten. Infolge der territorialen Beschlüsse der Potsdamer Konferenz und weil die Siegermächte dies als friedenstiftende Maßnahme sahen, wurde die Umsiedlung von sechs Millionen weiteren Menschen beschlossen.

Aus Gesprächsprotokollen von der Potsdamer Konferenz der „Großen Drei":

Churchill: Es gibt noch eine Frage, die zwar nicht auf der Tagesordnung steht, die man aber erörtern sollte, und zwar die Frage der Umsiedlung der Bevölkerung. Es gibt eine große Zahl von Deutschen, die aus der Tschechoslowakei nach Deutschland umzusiedeln sind. (…) Wir schätzen, dass es 2,5 Millionen Sudetendeutsche gibt, die umzusiedeln sind. Außerdem wünschen die Tschechoslowaken, die 150 000 deutschen Bürger schnellstens loszuwerden, die seinerzeit aus dem Reich in die Tschechoslowakei umgesiedelt wurden. Nach unserer Information haben erst 2000 von diesen 150 000 Deutschen die Tschechoslowakei verlassen. Das ist eine große Sache, 2,5 Millionen Menschen umzusiedeln. Aber wohin soll man sie umsiedeln? In die russische Zone?

Stalin: Der Großteil von ihnen geht in die russische Zone.

Churchill: Wir wollen sie nicht in unserer Zone haben.

Stalin: Wir haben das auch gar nicht vorgeschlagen. (Heiterkeit)

Churchill: Wenn sie kommen, so wollen sie auch essen.
Mir scheint, dass die Umsiedlung noch gar nicht richtig begonnen hat.

Stalin: Aus der Tschechoslowakei?

Churchill: Ja, aus der Tschechoslowakei. Vorläufig erfolgt die Umsiedlung nur in geringem Umfang.

Stalin: Ich verfüge über Informationen, dass die Tschechen die Deutschen über die Aussiedlung in Kenntnis setzen, bevor sie sie durchführen. Was die Polen betrifft, so haben sie eineinhalb Millionen Deutsche zurückgehalten, um sie bei der Ernteeinbringung zu verwenden; sobald die Ernte in Polen abgeschlossen ist, werden die Polen die Deutschen aus Polen evakuieren.

Churchill: Meines Erachtens sollte man das nicht tun, wenn man die Fragen der Lebensmittelversorgung, der Reparationen usw. berücksichtigt, das heißt Fragen, die noch nicht gelöst sind. Wir sind jetzt in eine Lage geraten, bei der die Polen Lebensmittel und Brennstoff haben und wir die Bevölkerung. Die Versorgung dieser Bevölkerung lastet als schwere Bürde auf uns.

Stalin: Man muss sich in die Lage der Polen versetzen. Fünfeinhalb Jahre hindurch haben ihnen die Deutschen viel Leid und Kränkungen zugefügt.

Truman: (…) Ich habe Verständnis für die Polen und die Russen und verstehe die Schwierigkeiten, vor denen sie stehen. Meine Position habe ich hinreichend klar dargelegt. (…)

(Zitiert nach: Sch. P. Sanakojew/B. L. Zybulewski [Hrsg.]: Teheran, Jalta, Potsdam. Dokumentensammlung. Frankfurt/M. 1978, S. 340–341)

GESCHICHTE — Deutschland 1945 bis 1949

➡ Notiere, warum Churchill die 2,5 Millionen Sudetendeutschen nicht in der britischen Zone aufnehmen wollte. Welche Probleme sah er damit verbunden?

_____

_____

➡ Welcher Aspekt kommt deiner Meinung nach zu kurz?

_____

_____

➡ Lege in einem fiktiven Brief an Winston Churchill auf einem gesonderten Blatt begründend dar, welche Wirkung dieses Gespräch und die Einstellung gegenüber den hier betroffenen Menschen auf dich ausübt. Versuche dabei auch die Haltung Churchills gegenüber den Deutschen nachzuvollziehen.

© Cornelsen Verlag Scriptor, Berlin · Cornelsen Copy Center · Deutschland und die geteilte Welt nach 1945 · Geschichte 10

FLUCHT UND VERTREIBUNG (2)

Zwar hat der Betrachter von Fotos stärker den Eindruck, dass etwas unmittelbar „Reales" abgebildet wird als z. B. bei Zeichnungen. Aber auch mit Fotos, die etwa in Zeitungen abgedruckt werden, wird die Sichtweise des Betrachters in einer bestimmten Richtung beeinflusst.

→ Betrachte das Foto genau und markiere mit farbigen Kreisen drei Bildelemente, mit denen der Fotograf die typische Situation der Vertriebenen herausstellen wollte. Erkläre die Auswahl in Stichpunkten. Vergleiche deine Ergebnisse mit denen deiner Nachbarin oder deines Nachbarn.

Vertreibung von Deutschen aus Schlesien 1945 (Aus: Spiegel special 2/2002, S. 62)

Die insgesamt 12 Millionen Flüchtlinge wurden in Deutschland in Massenquartieren und Notunterkünften sowie mit der Zeit auch teilweise in Wohnhäusern untergebracht.

→ Informiere dich in geeigneten Quellen (z. B. historischer Atlas), welche Bevölkerungsgruppen in welchen Regionen Deutschlands hauptsächlich untergekommen sind.

→ Beschreibe die Karikatur und fasse ihre Aussageabsicht zusammen. Welche Atmosphäre zwischen Neuankömmlingen und Alteingesessenen spiegelt sie wider?

„Ha no – mer hawe scho alles b'setzt!" (Zeichnung: Mirko Szewczuk 1951; aus: Horst Pötzsch: Deutsche Geschichte nach 1945. Landsberg 1997, S. 26)

DAS (ÜBER)LEBEN IN ZEITEN DER NOT (1)

Im zerstörten Nachkriegsdeutschland herrschte in weiten Teilen, vor allem in den großen Städten, eine enorme Waren- und Lebensmittelknappheit. Da aufgrund der Kriegsfolgen die Ernte 1946/47 auf fast die Hälfte der normalen Menge reduziert wurde und im Osten ca. ein Viertel der landwirtschaftlichen Nutzfläche verlorengegangen war, kam es 1946/47 zu einer Ernährungskrise. Durch Rationierung mit Hilfe von Lebensmittelkarten versuchten die Besatzungsmächte eine gerechte Verteilung der knappen Ressourcen zu erreichen.

Durchschnittlicher Pro-Kopf-Kalorienverbrauch in Deutschland pro Tag:

Jahr	Kalorienverbrauch
1936	3113
1945 (Frühjahr)	2010
1946	1451

Lebensmitteltabelle:

Produkt	Kalorien pro 100 Gramm	
Weizenmischbrot	225	(45 g = 1 Scheibe)
Kartoffeln	71	(ca. 80 g = 1 Kartoffel)
Zucker	410	(10 g = 1 EL)
Butter	754	(10 g = 1 EL)
Gelbwurst	281	(10 g = 1 Scheibe)
Milch	64	(100 g = 100 ml) = ca. 1/2 Glas)
Fisch (Hering)	193	(1 Fisch = ca 300 g)
Schichtkäse	147	(30 g = 1 EL)

➡ Erstelle aus den beiden Tabellen einen sinnvollen Speiseplan für einen Tag im Jahr 1946. Überlege, welche (Menge) Lebensmittel man für den damaligen Kalorienverbrauch von 1451 Kalorien bekam. Bedenke dabei, dass besonders ein Mangel an tierischem Eiweiß und Fett herrschte. Als Orientierung soll dir auch die Abbildung oben dienen.

➡ Stellt einige Speisepläne in der Klasse vor und diskutiert darüber. Notiere deine Ergebnisse auf dem Arbeitsblatt.

DAS (ÜBER)LEBEN IN ZEITEN DER NOT (2)

Aufgrund des äußerst knappen Angebots und weil nach dem Krieg viel weitgehend wertloses Geld im Umlauf war, entstand neben dem offiziellen Markt der illegale „Schwarzmarkt", auf dem Schwarzhändler und Schieber Waren zumeist gegen hohe Reichsmarkpreise und gegen Naturalien verkauften oder tauschten. Zunehmend wurden Zigaretten zur inoffiziellen Währung.

In seiner ersten Ausgabe vom 4. Januar 1947 berichtete „Der Spiegel" von der Schwarzmarktentwicklung:

Die graue Eminenz
Gilt für die übrige deutsche Wirtschaft das Wort Ferdinands aus Kabale und Liebe „Sieh du nach deinen Rechnungen – ich fürchte, die stehen übel!", so kann man das beim Jahresende vom schwarzen Markt kaum sagen, der schon lange nicht mehr schwarz ist, sondern aus dem Dunkel der Nacht in die zwielichtige Dämmerung des Tages getreten ist. Er ist grau.
Serienbefragungen in allen Teilen der britischen Zone haben ergeben, dass fast 40 Prozent aller Großstädter sich am Markt beteiligen. Natürlich gaben sie bei dieser Inquisition nur zu, Käufer zu sein. Der Preis-Pegel des schwarzen Marktes zeigt mit großer Empfindlichkeit die äußeren Wirkungen, die bei der Preisbildung entscheidend mitwirken und beim „weißen Markt" dem Laien oft verborgen bleiben.
Als Beispiel: Durch die stark angezogene Steuerpresse wurde im Herbst das Geld allmählich knapp; damit drohten die Preise zu fallen. Sie wurden an den meisten Orten noch künstlich durch Vereinbarung unter den Schwarzhändlern aufrechterhalten, doch diese Preispolitik hätte ein schnelles Ende gefunden, wenn nicht plötzlich Inflationsgerüchte aufgetaucht wären, die von den rührigen Schwarzhändlern in Erkenntnis ihrer Chance lebhaft kommentiert wurden. Die Preise stiegen wieder etwas an, das Gros des Publikums verhielt sich aber noch abwartend. Doch da wurde plötzlich in der amerikanischen Presse ein Entwertungsvorschlag veröffentlicht, der in allen deutschen Zeitungen nachgedruckt und kommentiert wurde. Jetzt gab der kleine Mann seine Zurückhaltung auf und brachte seine letzten Spargelder auf den schwarzen Markt, damit sie nicht der Entwertung verfielen. Die Konjunkturbedingtheit des Schwarzhandels zeigt sich besonders beim Lebensmittelhandel. Die Preise steigen, wenn die Zuteilungen sinken und umgekehrt. Interessant ist die Entwicklung beim Zucker, der bis auf eine geringe Erhöhung in der Einmachzeit das ganze Jahr über stabile Preise hielt. Bei den Fettpreisen scheint auf den ersten Blick ein Paradoxon vorzuliegen: Obwohl die Fettrationen um die Hälfte herabgesetzt wurden, liegen die Fettpreise um 15 bis 20 Prozent tiefer als bei Jahresbeginn. Die Lösung ist, dass im vergangenen Jahr die Organisationen zur Fälschung von Lebensmittelkarten so weit ausgebaut worden sind, dass ein hohes Markenangebot den Rationentiefstand ausgleicht. Durch das Verfahren, das die Stadt Köln jetzt beim Druck ihrer Lebensmittelkarten anwendet, ist das Fälschen von Lebensmittelkarten unmöglich gemacht worden. (…) Leider ist das Verfahren noch nicht auf die ganze Zone ausgedehnt worden. (…)

▶ Versuche anhand des Artikels eine Unterscheidung der folgenden Begriffe:

„Weißer Markt": _____

„Schwarzer Markt": _____

„Grauer Markt": _____

▶ Unterstreiche mit unterschiedlichen Farben die Faktoren, die laut „Spiegel" Einfluss darauf hatten, dass die Schwarzmarktpreise stiegen oder fielen.

▶ Unterstreiche Belege in dem Text, die zeigen, dass es sich hierbei wirklich um einen „Markt" mit eigenen Gesetzen handelte.

▶ Versuche die von dir erkannten Zusammenhänge einer Mitschülerin/einem Mitschüler anhand einer Ursachen-Folge-Skizze auf einem gesonderten Blatt zu erklären.

DAS (ÜBER)LEBEN IN ZEITEN DER NOT (3)

In ihrer Not griffen die Menschen zu weiteren Mitteln der Lebensmittel- und Heizmaterialbeschaffung.

Frauen beim so genannten „Fringsen"

Der Kölner Kardinal Frings in einer Predigt von 1946:

Wir werden uns erforschen müssen, jeder für sich, ob er das siebte Gebot treu befolgt hat, das das Eigentum des Nächsten schützt. Wir leben sicher in Zeiten, in denen der staatlichen Obrigkeit mehr Rechte über das Eigentum der Einzelnen zustehen als sonst und in denen ein gerechter Ausgleich zwischen denen, die alles verloren, und denen, die noch manches gerettet haben, stattfinden muss. Wir leben in Zeiten, da in der Not auch der Einzelne das wird nehmen dürfen, was er zur Erhaltung seines Lebens und seiner Gesundheit notwendig hat, wenn er es auf andere Weise durch seine Arbeit oder durch Bitten nicht erlangen kann.

(Zitiert nach: Manfred Overesch: Deutschland 1945–1949. Königstein,Ts./Düsseldorf 1979, S. 98; Foto: akg-images)

GESCHICHTE

Deutschland 1945 bis 1949

→ Lies die Quelle durch und erkläre die Bedeutung des Begriffs „Fringsen". Vollziehe den Gedankengang des Kardinals mit eigenen Worten nach. Zeige mögliche Probleme in seiner Argumentationsweise auf.

___

___

___

___

→ Gestalte aus dem Witz eine Karikatur.

> *Ehemann:* „Was gibt es heute zu essen?"
> *Frau:* „Kartoffeln!"
> *Ehemann:* „Und was dazu?"
> *Frau:* „Gabeln!"

(Zitiert nach: Karl-Heinz Rothenberger: Die Hungerjahre nach dem Zweiten Weltkrieg. Boppard 1980, S. 109)

DER EINFLUSS DES KRIEGES AUF DIE FAMILIE NACH 1945 (1)

Die Gesellschaft in Deutschland wurde bis 1945 deutlich von den Männern dominiert. Vor allem ab 1933 war der Ehemann meistens das Familienoberhaupt, das für den Lebensunterhalt sorgte und das häusliche Leben bestimmte.

In der direkten Nachkriegszeit mussten die Frauen aber gezwungenermaßen eine aktivere Rolle übernehmen, da fast 4 Millionen Männer im Krieg gefallen waren. Weitere 11 Millionen saßen, zum Teil für Jahre, als Kriegsgefangene in den entsprechenden Lagern der Alliierten. Während dieser Zeit konnten die Frauen nicht immer mit Sicherheit sagen, ob ihr Mann noch lebte.

➔ Informiere dich in einem Lexikon, was man unter dem Begriff „Trümmerfrau" versteht. Notiere, welcher Wandel im Frauenbild gegenüber der Zeit ab 1933 eintrat.

_____

_____

_____

➔ Wandle folgende Tabelle in einen übersichtlichen Graphen um.
Trage den Wert für 1939 nur als Vergleichswert ein.

Scheidungen pro 10 000 Einwohner in Deutschlands Westen

1939	8,9
1946	11,2
1947	16,8
1948	18,8
1949	16,9
1950	15,7
1951	11,6
1952	10,5
1953	9,7
1954	9,0

(Zitiert nach: D. Wirth: Die Familie in der Nachkriegszeit. In: Josef Becker [Hrsg.]: Vorgeschichte der Bundesrepublik Deutschland. München 1979, S. 203)

➔ Betrachte den Graphen und finde zusammen mit deinem Banknachbarn Erklärungen für dessen Verlauf.

_____

_____

DER EINFLUSS DES KRIEGES AUF DIE FAMILIE NACH 1945 (2)

Die letzten Kriegsgefangenen kehrten aus sowjetischer Gefangenschaft erst Anfang 1956 heim.

➔ Stelle dir folgende Situation vor: Ein Mann, der seit 1940, mit Ausnahme von einigen Fronturlauben, im Krieg und seit 1944 in sowjetischer Gefangenschaft gewesen ist, kehrt 1952 zu seiner Frau und seinem 1938 geborenen Sohn zurück. Trage in die unten stehenden Denkblasen mögliche Empfindungen, Hoffnungen und Ängste der einzelnen Familienmitglieder ein.

(Filmmuseum Berlin, Deutsche Kinemathek)

➔ Tragt eure Ergebnisse in fünf Arbeitsgruppen zusammen. Entwickelt daraus ein Rollenspiel „Heimkehrer" und probt dazu Mimik, Gestik, Bewegungen und Artikulation. Nehmt die gespielten Szenen mit einer Videokamera oder einer Digitalkamera auf und vergleicht die Ergebnisse in der Klasse.

GESCHICHTE — Deutschland 1945 bis 1949

DER NÜRNBERGER PROZESS (1)

Vom November 1945 bis zum Oktober 1946 dauerte der Prozess gegen die 22 Hauptverantwortlichen des NS-Regimes, deren man habhaft hatte werden können. Dieses Tribunal sollte der Verfolgung von Verbrechen, aber auch der Entnazifizierung und Demokratisierung der Deutschen dienen.

→ Informiere dich zunächst über die Funktionen und Maßnahmen von Hermann Göring und Albert Speer im Dritten Reich.

→ Unterstreiche in den beiden Prozessprotokollen die wichtigsten Argumente der Angeklagten und notiere Stichpunkte dazu am Rand.

Aus dem Protokoll der Vernehmung des Angeklagten Hermann Göring:

(…)

Sir David Maxwell-Fyfe (englische Anklagebehörde; nachdem er ein Dokument mit einer Äußerung Hitlers zur Behandlung der Juden vorgestellt hat): Es handelt sich hier (ein weiteres Beweisdokument) um eine Besprechung, die Sie mit einer Anzahl Leuten hatten, und auf Seite 143, wenn Sie diese bitte aufschlagen wollen, kommen Sie zu der Frage der Butterlieferungen. (…) Sie sagen: „Liefern Sie auch an Wehrmachtseinheiten?" Und dann sagt Lohse: „Ich kann das auch beantworten. Es gibt nur noch ein paar Juden, wohingegen wir schon Zehntausende erledigt haben, aber ich kann Ihnen sagen, dass die Zivilbevölkerung auf Ihren Befehl hin 15 Prozent weniger [Butterlieferungen; d. A.] als die Deutschen bekommt." (…) Wollen Sie immer noch angesichts dieser zwei Dokumente behaupten, dass weder Sie noch Hitler gewusst hätten, dass die Juden ausgerottet wurden?

Hermann Göring: Ich bitte, dass meine Bemerkung richtig verlesen wird. Sie ist völlig falsch wiedergegeben. Ich darf den Originaltext verlesen: „Lohse:" – also nicht meine Bemerkung, ich meine Lohses Bemerkung – „Darauf kann ich auch antworten. Die Juden leben nur noch zum kleinen Teil, zigtausend sind weg." Hier steht nicht, dass sie vernichtet worden sind. Aus dieser Bemerkung ist nicht zu schließen, dass sie dort getötet worden sind, sondern aus dieser Bemerkung kann geschlossen werden, dass die Juden dort weg sind. Also, evakuiert könnte genauso möglich sein. Es ist nichts davon …

Maxwell-Fyfe: Ich schlage zu der vorhergehenden Bemerkung vor, dass Sie ganz klarmachen, was Sie unter der Bemerkung, es sind noch ein paar Juden am Leben, wohingehen und so weiter, meinten?

Göring: Nein, leben noch dort, so ist das aufzufassen.

Maxwell-Fyfe: Sie haben gehört, was ich Ihnen über Hitler vorgelesen habe (…). Hitler sagte, die Juden müssen entweder arbeiten oder erschossen werden. Das war im April 1943. Wollen Sie immer noch sagen, dass weder Hitler noch Sie von der Vernichtungspolitik der Juden eine Ahnung hatten?

Göring: Ich habe für die Richtigkeit dieser Niederschrift keinen Beweis. Sollte Hitler …

Maxwell-Fyfe: Wollen Sie bitte meine Frage beantworten! Sagen Sie immer noch, dass weder Hitler noch Sie von der Judenausrottungs-Politik etwas wussten?

Göring: Soweit es Hitler betrifft, habe ich gesagt, dass ich das nicht glaube; soweit es mich betrifft, habe ich gesagt, dass ich auch nur annähernd von diesem Ausmaß nicht gewusst habe.

Maxwell-Fyfe: Sie wussten nicht, in welchem Ausmaß; Sie wussten jedoch, dass eine Politik bestand, die auf die Ausrottung der Juden hinzielte?

Göring: Nein, auf die Auswanderung der Juden und nicht auf ihre Ausrottung. Ich wusste nur, dass in Einzelfällen in dieser Richtung Vergehen vorgekommen waren.

Maxwell-Fyfe: Danke. (…)

(Zitiert nach: International Military Tribunal: Der Prozess gegen die Hauptkriegsverbrecher vor dem Internationalen Militärgerichtshof, Bd. IX. Nürnberg 1947, S. 682–683)

Notizen:

DER NÜRNBERGER PROZESS (2)

Aus dem Protokoll der Vernehmung des Angeklagten Albert Speer:

(...)

Robert H. Jackson *(US-Anklagebehörde): In einer Zeugenaussage wurde über Ihre Beziehungen zu den Konzentrationslagern gesprochen und, wie ich Sie verstanden habe, haben Sie erklärt, dass Sie Zwangsarbeiter aus Konzentrationslagern verwandten und ihre Verwendung auch gefördert hätten.*

Albert Speer: *Ja, wir benutzten diese in der deutschen Rüstungsindustrie.*

Jackson: *Ich glaube, Sie haben auch befürwortet, dass man Leute aus Arbeitslagern, die Drückeberger waren, in Konzentrationslager schicken solle, nicht wahr?*

Speer: *Das war die Frage der so genannten Bummelanten. Unter Bummelanten verstanden wir Arbeitskräfte, die nicht rechtzeitig zur Arbeit kamen oder die Krankheit vorschützten, und gegen diese Arbeitskräfte wurde während der Kriegszeit bei uns scharf vorgegangen; ich habe diese Maßnahmen gebilligt.*

Jackson: *Am 30. Oktober 1942 bei einer Sitzung der „Zentralen Planung" haben Sie tatsächlich diese Frage in folgender Form zur Sprache gebracht. Ich zitiere: „Speer: Die Bummelantenfrage ist auch ein Punkt, den wir behandeln müssen. Ley hat festgestellt, dass dort, wo Betriebsärzte sind und die Leute von den Betriebsärzten untersucht werden, sofort der Krankenstand auf ein Viertel bis ein Fünftel sinkt. SS und Polizei könnten hier ruhig hart zufassen und die Leute, die als Bummelanten bekannt sind, in KZ-Betriebe stecken. Anders geht es nicht. Das braucht nur ein paarmal zu passieren, das spricht sich herum." Das war ihr Vorschlag, nicht wahr?*

Speer: *Ja.*

Jackson: *Mit anderen Worten, da die Arbeiter eine ziemliche Angst vor den Konzentrationslagern hatten, wollten Sie das ausnutzen, um sie bei ihrer Arbeit zu halten, nicht wahr?*

Speer: *Es war sicher, dass das Konzentrationslager bei uns einen schlechten Ruf hatte und dass daher ein Verbringen in das Konzentrationslager oder die Androhung einer derartigen Möglichkeit schon von vornherein den Fehlstand in den Betrieben herabsetzen musste. Aber es ist in dieser Sitzung (...) nicht weiter darüber gesprochen worden. Es war eine der Bemerkungen, die man in der Erregung schon mal im Kriege machen kann.*

Jackson: *Aber es ist doch ganz offensichtlich (...), dass Sie wussten, was für einen schlechten Ruf die Konzentrationslager bei den Arbeitern hatten und dass man einen Aufenthalt darin für viel schlimmer hielt als in den Arbeitslagern?*

Speer: *Das ist richtig, das wusste ich. Ich wusste natürlich nicht das, was ich hier im Prozess gehört habe, aber das andere war eine allgemein bekannte Tatsache.*

Jackson: *Es war doch in ganz Deutschland bekannt, dass der Aufenthalt in einem Konzentrationslager eine recht raue Angelegenheit war, nicht wahr?*

Speer: *Ja, aber nicht in dem Sinne, der hier in dem Prozess aufgedeckt wurde.*

Jackson: *Und tatsächlich erfüllte der schlechte Ruf der Konzentrationslager schon dadurch einen Teil seines Zweckes, dass er den Leuten davor Angst einjagte, dass sie dorthin geschickt werden könnten.*

Speer: *Zweifellos waren die Konzentrationslager ein Mittel, ein Drohmittel, um die Ordnung aufrechtzuerhalten. (...)*

(Zitiert nach: International Military Tribunal: Der Prozess gegen die Hauptkriegsverbrecher vor dem Internationalen Militärgerichtshof, Bd. XVI. Nürnberg 1947, S. 565–566)

Notizen:

➡ Arbeitet im Gruppengespräch die Gemeinsamkeiten und die Unterschiede der Vorgehensweisen der beiden Angeklagten heraus. Göring wurde zum Tode durch den Strang und Speer zu 20 Jahren Haft verurteilt. Könnten diese unterschiedlichen Urteile mit den jeweiligen „Aussagestrategien" zusammenhängen? Begründet eure Meinung.

DER POLITISCHE NEUBEGINN IM WESTTEIL DEUTSCHLANDS (1)

Schon ab 1945 wurde in den Besatzungszonen die Gründung von politischen Parteien gefördert und ermöglicht. Bald waren in deutschen Städten wieder Plakate der Parteien zu sehen, die deren politische Vorstellung verbreiten sollten. Hier siehst du als Beispiele Wahlplakate aus dem Jahr 1947 zur zukünftigen Wirtschaftsordnung.

(Friedrich-Ebert-Stiftung, Archiv der sozialen Demokratie)

(Konrad-Adenauer-Stiftung e. V., Archiv für Christlich-Demokratische Politik, Plakatsammlung)

→ Beschreibe die beiden Plakate und lege dar, welche Wirkung sie jeweils auf dich ausüben.

→ Arbeite die Unterschiede und die Gemeinsamkeiten in der Gestaltung und in den Inhalten heraus. Versuche die thematische Ausrichtung aus der Entstehungszeit heraus zu erklären.

	Unterschiede	Gemeinsamkeiten
Gestaltung		
Inhalt		
Erklärung		

DER POLITISCHE NEUBEGINN IM WESTTEIL DEUTSCHLANDS (2)

Auch heute sind Wahlplakate immer noch wichtige Werbe- und Informationsmittel. Die folgenden waren Teil der Kampagnen zur Bundestagswahl 2002.

(bpa, Bundesbildstelle Berlin/Fotos: Bernd Kühler)

▶ Vergleiche die Plakate von 2002 und 1947 miteinander. Lege dar, welche Unterschiede du in der Gestaltung sowie bezüglich der Informationsvermittlung feststellen kannst, und versuche diese zu erklären.

_____
_____
_____
_____
_____
_____
_____

▶ Bildet 4er- oder 6er-Gruppen. Überlegt euch ein politisches Thema, zu dem ihr eine Aussage, Botschaft o. Ä. mitteilen wollt.

_____
_____

▶ Teilt nun eure Gruppe in zwei Hälften, von denen die eine ein entsprechendes Plakat im Stil von 2002 und die andere in demjenigen der Nachkriegszeit entwirft.

▶ Vergleicht eure Entwürfe in der Gruppe und diskutiert, ob eine Renaissance der früheren Ästhetik sinn- und wirkungsvoll wäre. Notiert eure Ergebnisse.

_____
_____
_____

DER POLITISCHE NEUBEGINN IM OSTTEIL DEUTSCHLANDS (1)

In der SBZ konstituierten sich im Juni 1945 als erste Parteien die KPD und kurz darauf die SPD (Ost). Im April 1946 schlossen sich diese beiden Parteien auf einem Vereinigungsparteitag zur Sozialistischen Einheitspartei Deutschlands (SED) zusammen, die in der DDR zur allein bestimmenden „Staatspartei" werden sollte.

Aus dem Beschluss des Vereinigungsparteitages, 22.4.1946:

*(…) **Das Wesen der Sozialistischen Einheitspartei Deutschlands***
Die geschichtliche Aufgabe der geeinten Arbeiterbewegung ist es, den Kampf der Arbeiterklasse und des schaffenden Volkes bewusst und einheitlich zu gestalten. Die Sozialistische Einheitspartei Deutschlands hat die Gegenwartsbestrebungen der Arbeiterklasse in die Richtung des Kampfes um den Sozialismus zu lenken, die Arbeiterklasse und das gesamte schaffende Volk bei der Erfüllung dieser ihrer historischen Mission zu führen. Die Sozialistischen Einheitspartei Deutschlands kann ihren Kampf nur erfolgreich führen, wenn sie die besten und fortgeschrittensten Kräfte der Werktätigen vereint und durch die Vertretung ihrer Interessen zur Partei des schaffenden Volkes wird. Diese Kampforganisation beruht auf dem demokratischen Beschlussrecht ihrer Mitglieder, der demokratischen Wahl aller Parteileitungen und der Bindung aller Mitglieder, Abgeordneten, Beauftragten und Leitungen der Partei an die demokratisch gefassten Beschlüsse. (…)

(Zitiert nach: Rolf Steininger: Deutsche Geschichte 1945–1961. Darstellung und Dokumente in zwei Bänden, Bd. 1. Frankfurt/M. 1983, S. 163)

➜ Lege das Selbstverständnis der SED und ihre Aufgaben dar.

➜ Welche der sich vereinenden Gruppen hatte ihre Ideen und Ziele eher durchgesetzt? Informiere dich über die beiden Parteien während der „Weimarer Republik".

Aus einem Bericht von Christopher Steel[1] an das Foreign Office über ein Treffen u. a. mit Otto Grotewohl[2] am 4.2.1946:

(…) Was sie sagten, war nicht ermutigend. Grotewohl, anfangs noch guter Laune, sah mitgenommen und besorgt aus. Nach dem Essen kamen wir zur Sache (…) Ich sagte, wir könnten nicht verstehen, dass die SPD wirklich mit den Kommunisten zusammengehen könne, es gebe doch wahrlich noch einen Unterschied zwischen Freiheit und Totalitarismus. Grotewohl sagte, das sei keine Frage von Programmen, sondern nackter Tatsachen (…) Sie würden nicht nur persönlich unter stärksten Druck gesetzt (er sagte, sie würden von russischen Bajonetten gekitzelt), ihre Organisation in den Ländern sei vollkommen unterwandert. Männer, die ihm noch vor vier Tagen versichert hätten, sie seien entschlossen, Widerstand zu leisten, flehten ihn nun an, die Sache hinter sich zu bringen. Auf diese Leute sei jede nur mögliche Art von Druck ausgeübt worden, von dem Versprechen, ihnen einen Arbeitsplatz zu besorgen, bis zur Entführung am helllichten Tag, und wenn er, Grotewohl, zusammen mit dem Zentralausschuss den Widerstand fortsetzen würde, dann würden sie ganz einfach abgesetzt und durch Provinzausschüsse ersetzt werden. (…)
Dies alles hat mich sehr deprimiert; aber es sieht so aus, als würden die Russen jetzt ihre Glacéhandschuhe ausziehen. (…)

[1] Leiter der politischen Abteilung der britischen Militärregierung
[2] Zu diesem Zeitpunkt Vorsitzender des Zentralausschusses der Ost-SPD

(Zitiert nach: Rolf Steininger: Deutsche Geschichte 1945–1961. Darstellung und Dokumente in zwei Bänden, Bd. 1. Frankfurt/M. 1983, S. 164)

DER POLITISCHE NEUBEGINN IM OSTTEIL DEUTSCHLANDS (2)

→ Stelle den Bericht von Christopher Steel dem Beschluss des Parteitages gegenüber und arbeite die Gegensätze heraus.

→ Charakterisiere und beurteile die beschriebene Vorgehensweise.

Emblem der SED

→ Beschreibe und erkläre das Parteiabzeichen und unterziehe es auf der Basis deines Wissens über die Entstehung der SED einer kritischen Beurteilung.

→ Entwirf ein eigenes Abzeichen auf der Grundlage deiner Arbeitsergebnisse. Vergleiche dein Ergebnis mit deiner Banknachbarin/deinem Banknachbarn.

Deutschland 1945 bis 1949 — GESCHICHTE

DAS WUNDER DER D-MARK – DIE WÄHRUNGSREFORM

1948 wurde im Gebiet der Trizone eine Währungsreform durchgeführt, durch die die Deutsche Mark die wertlose Reichsmark ablöste und den volkswirtschaftlich schädlichen Schwarzmarkt beseitigte.

Eine Bilanz zur so genannten „Stunde Null" aus dem Jahr 2002:

(…) Das wirklich einschneidende Ereignis der Nachkriegszeit, das sich tief in die kollektive Erinnerung eingrub, war die Währungsreform am 20. Juni 1948, ein Jahr vor der Staatsgründung. Sie gilt als Startschuss für das Wirtschaftswunder und prägte die Mentalität der Bonner Republik entscheidend. Nach Jahren des Niedergangs und der Entbehrungen zeigte sich endlich Licht am Ende des Tunnels. Über Nacht gab es „richtiges" Geld, Deutsche Mark genannt. (…)
Ungläubig standen die Menschen vor den Schaufenstern, die sich mit Dingen füllten, die man nur noch vom Hörensagen kannte. Die Bewirtschaftung wurde weithin aufgehoben und durch etwas ersetzt, was Ludwig Erhard, für viele der Vater des Wunders, „Marktwirtschaft" nannte. Man brauchte nicht mehr für alles Bezugsscheine. Man konnte in ein Geschäft gehen und sagen: „Ich hätte gern einen neuen Fahrradschlauch", und der Mann griff in das Regal und legte den Schlauch auf den Tresen und sagte „bitte sehr" – es war unglaublich. Von nun an ging es steil bergauf. Eine neue Ära begann: ohne Fanfarenstöße und Heilsverkündungen, aber umso dauerhafter. Nach einem halben Jahrhundert des Irrsinns, nach Millionen von Toten und unendlichem Leid kehrten die Deutschen, wenigstens im Westen, zur Normalität des Daseins zurück. (…)

(Heinrich Jaenecke: Die Stunde Null. In: Geo Epoche 9/2002, S. 30)

Bericht über die Zeit nach der Geldumstellung:

(…) Ein jahrelang angestauter Konsumbedarf brach sich nun Bahn. Viele Konsumenten gerieten bei dem Erlebnis, mit dem neuen Geld wirklich etwas kaufen zu können, in Rauschzustände. Und die Händler hatten nichts Eiligeres zu tun, als mit den frisch verdienten D-Mark sich bei Großhandel und Produzenten mit neuen Waren einzudecken. Der Geldumlauf erreichte eine atemberaubende Geschwindigkeit.

(Karl-Heinz Willenberg: Am Tag danach. In: Jürgen Weber: 30 Jahre Bundesrepublik Deutschland, Bd. 2. München 1979, S. 186)

➡ Stelle in der Tabelle stichpunktartig die kurzfristigen und die langfristigen Folgen der Währungsreform gegenüber. Achte dabei auch auf indirekt vermittelte Informationen.

	Kurzfristige Folgen	Langfristige Folgen
Trizone		

➡ Informiere dich, welche Reaktionen die Währungsreform in der SBZ auslöste.

_____

_____

_____

DEUTSCHLANDS WEG IN DIE TEILUNG (1)

Schon bald nach den alliierten Abkommen zeigte sich ein wachsender Gegensatz zwischen Ost und West. So akzeptierten die USA zwar, dass die UdSSR Mittel- und Osteuropa durch z. T. sehr massive Unterstützung der Kommunisten in den jeweiligen Staaten zu ihrem Einflussgebiet machte. Doch als der Kommunismus sich weiter auszudehnen „drohte", sahen Briten und vor allem Amerikaner ihre eigenen Interessen gefährdet. In diesen zunehmenden Konflikt geriet auch die Deutschlandpolitik der Alliierten.

➡ Bildet Gruppen von 4 bis 5 Schülern. Schneidet die folgenden, die Jahre 1947/1948 betreffenden Informationsblöcke aus. Klebt sie in einer für euch logisch erscheinenden Anordnung auf ein DIN-A3-Papier und setzt sie durch mit Kommentaren versehene Folge- und Zusammenhangspfeile oder andere Symbole in Beziehung zueinander. Als Hilfestellung zur Anordnung: Achtet auf den Grad der Eskalation der Beziehungen. Vergleicht eure Ergebnisse in der Klasse.

GESCHICHTE

Deutschland 1945 bis 1949

Demonstration *von Ruhrgebietsarbeitern für Sozialisierung der Betriebe*

SBZ: *Bodenreform mit Enteignung aller Güter über 100 Hektar und Sozialisierung großer Industrieteile*

Abkommen zwischen dem britischen und dem US-Außenminister:
Vertreter der beiden Regierungen sind in Washington zusammengekommen, um die Fragen zu besprechen, die sich aus der wirtschaftlichen Vereinigung ihrer Besatzungszonen in Deutschland ergeben. (…) Die im Folgenden für die Zonen der Vereinigten Staaten und Großbritanniens getroffenen Vereinbarungen sollten als der erste Schritt in der Richtung auf die wirtschaftliche Vereinigung ganz Deutschlands entsprechend jenem [Potsdamer] Abkommen betrachtet werden. (…) [Später wurde diese „Bizone" um die französische Besatzungszone zur „Trizone" erweitert.]

(Zitiert nach Hermann Meyer/Wilhelm Langenbeck: Vom Zeitalter der Aufklärung bis zur Gegenwart. Frankfurt/M. 1975, S. 336)

Doktrin des US-Präsidenten Truman als Übergang zur Politik des Containment (Containment = Eindämmung):
(…) Ich bin der Ansicht, dass es die Politik der Vereinigten Staaten sein muss, die freien Völker zu unterstützen, die sich der Unterwerfung durch bewaffnete Minderheiten oder durch Druck von außen widersetzen. Ich glaube, dass wir den freien Völkern helfen müssen, sich ihr eigenes Geschick nach ihrer eigenen Art zu gestalten. Ich bin der Ansicht, dass unsere Hilfe in erster Linie in Form wirtschaftlicher und finanzieller Unterstützung gegeben werden sollte, die für eine wirtschaftliche Stabilität und geordnete politische Vorgänge wesentlich ist. (…) Die Saat der totalitären Regimes gedeiht in Elend und Mangel. (…)

(Zitiert nach: Rolf Steininger: Deutsche Geschichte 1945–1961. Frankfurt/M. 1983, S. 239)

Bau von Wohnungen *in Neumünster aus Geldern des Marshall-Plans*
(= 12,5 Milliarden als Wiederaufbauhilfe-Angebot an die europäischen Staaten)

Berliner Luftbrücke:
Nach der Sperrung aller Zufahrtswege von und nach Westberlin durch die UdSSR wird die Westberliner Bevölkerung durch eine durch die USA und Großbritannien eingerichtete permanente Flugverbindung aus der Luft versorgt. Am Ende gibt Stalin nach fast 11 Monaten im Mai 1946 nach und die Berliner Blockade wird aufgehoben, doch die Teilung Deutschlands und Berlins ist nun beschlossene Sache.

DEUTSCHLANDS WEG IN DIE TEILUNG (2)

Stellungnahme des Zentralsekretariats der SED zum Marshall-Plan:
(...) Welche Bedeutung hat nun die in Aussicht gestellte Hilfe für die Zukunft unseres Volkes?
I. Der amerikanische Monopolkapitalismus, der gestärkt aus dem Kriege hervorging, ist heute bestrebt, die ihm drohende Wirtschaftskrise durch die Erschließung neuer Märkte und durch die Festigung alter Märkte mittels Gewährung staatlicher Anleihen zu verhindern. Diese Anleihen führen aber erfahrungsgemäß zur Einmischung in die Souveränität der die Anleihen nehmenden Länder. (...) IV. Das deutsche Volk muss wie alle übrigen Völker den Weg zu einem besseren Leben aus eigener Kraft suchen und finden. (...)

(Zitiert nach: Christoph Kleßmann: Die doppelte Staatsgründung. Deutsche Geschichte 1945–1955. Bonn ⁵1991, S. 452–453)

Gemeinsame Verkündung der französischen, britischen und amerikanischen Militärregierungen:
(...) Das folgende und die beiden vorstehend bezeichneten Gesetze ersetzen die Reichsmarkwährung durch eine neue Währung. (...) Alleinige gesetzliche Zahlungsmittel sind vom 21. Juni 1948 an:
1. die auf Deutsche Mark oder Pfennig lautenden Noten und Münzen, die von der Bank deutscher Länder ausgegeben werden (...)

(Zitiert nach: Eberhard Heidmann/Käthe Wohlgemuth: Zur Deutschlandpolitik der Anti-Hitler-Koalition (1943 bis 1949). Berlin 1968, S. 194–195)

Befehl des obersten Chefs der sowjetischen Militärverwaltung in Deutschland:
Unter Berücksichtigung der Vorschläge der deutschen Wirtschaftskommission und der Wünsche der deutschen demokratischen Öffentlichkeit befehle ich:
1. Ab dem 24. Juni 1948 auf dem gesamten Territorium der sowjetischen Besatzungszone Deutschlands und dem Gebiet Großberlins [als einziges gesetzlich zugelassenes Zahlungsmittel] neue Geldscheine einzuführen: Reichsmark und Rentenmark alten Musters mit aufgeklebten Spezialkupons. (...)

(Zitiert nach: Eberhard Heidmann/Käthe Wohlgemuth: Zur Deutschlandpolitik der Anti-Hitler-Koalition (1943 bis 1949). Berlin 1968, S. 199)

Note der Sowjetregierung an die Regierungen der USA, Großbritanniens und Frankreichs über die Westberlinfrage:
(...) Die Sowjetregierung hat die Regierungen der USA, Großbritanniens und Frankreichs mehrfach warnend auf die Verantwortung hingewiesen, die sie übernehmen, wenn sie den Weg der Verletzung der von den vier Mächten früher gefassten vereinbarten Beschlüsse über Deutschland einschlagen. (...) [D]ie Regierungen der USA, Großbritanniens und Frankreichs [führen] auf die Spaltung und Zerstückelung Deutschlands gerichtete Maßnahmen durch, einschließlich die (...) durchgeführte separate Währungsreform für die westlichen Besatzungszonen.
(...) Die Regierung der Vereinigten Staaten erklärt, die vom sowjetischen Kommando ergriffenen, zeitweiligen Maßnahmen zur Einschränkung des Güter- und Personenverkehrs zwischen Berlin und den Westzonen hätten in der Versorgung der Berliner Bevölkerung der westlichen Sektoren Schwierigkeiten geschaffen. Es kann jedoch nicht bestritten werden, dass diese Schwierigkeiten durch die Handlungen der Regierungen der USA, Großbritanniens und Frankreichs und vor allem durch ihre separaten Handlungen bei der Einführung einer neuen Währung in den Westzonen Deutschlands und einer besonderen Währung in den westlichen Sektoren Berlins hervorgerufen wurden.
Berlin liegt im Zentrum der Sowjetzone und bildet einen Teil der Zone. Die Interessen der Berliner Bevölkerung lassen es nicht zu, dass in Berlin oder auch nur in den westlichen Sektoren Berlins eine besondere Währung eingeführt wird, die in der Sowjetzone nicht in Umlauf ist. (...)

(Zitiert nach: Eberhard Heidmann/Käthe Wohlgemuth: Zur Deutschlandpolitik der Anti-Hitler-Koalition (1943 bis 1949). Berlin 1968, S. 205–207)

DEUTSCHLANDS WEG IN DIE TEILUNG (3)

Auf die Ereignisse der Jahre 1945 bis 1948 reagierte auch die politische Karikatur.

➡ Unterteile die Karikatur durch eine Trennlinie in zwei sinnvolle Teile und begründe deine Wahl.

(Aus: Christoph Kleßmann: Die doppelte Staatsgründung. Bonn ⁵1991, S. 181)

Deutschland 1945 bis 1949 — GESCHICHTE

➡ Vergleiche die beiden Teile der Karikatur hinsichtlich der Gemeinsamkeiten und Unterschiede.

Gemeinsamkeiten	Unterschiede

➡ Versuche schließlich eine Gesamtdeutung der Karikatur. Mit welcher der damaligen weltpolitischen Richtungen sympathisiert der Zeichner?

Josef Stalin im April 1945:

Dieser Krieg ist nicht wie in der Vergangenheit; wer immer ein Gebiet besetzt, erlegt ihm auch sein eigenes gesellschaftliches System auf. Jeder führt sein eigenes System ein, so weit seine Armee vordringen kann. Es kann gar nicht anders sein.

(Zitiert nach: Milovan Djilas: Gespräche mit Stalin. Frankfurt/M. 1962, S. 146)

➡ Setze dieses Zitat zu der Karikatur in Beziehung und versuche, davon ausgehend, eine kritische Würdigung.

EINGLIEDERUNG DER DEUTSCHEN STAATEN IN DAS WESTLICHE BÜNDNIS UND DEN OSTBLOCK (1)

Aus einer Denkschrift des amerikanischen Außenpolitikers George F. Kennan 1945, veröffentlicht im Jahr 1949:

Die Idee, Deutschland gemeinsam mit den Russen regieren zu wollen, ist ein Wahn. Ein ebensolcher Wahn ist es zu glauben, die Russen und wir könnten uns eines schönen Tages höflich zurückziehen, und aus dem Vakuum werde ein gesundes und friedliches, stabiles und freundliches Deutschland steigen. Wir haben keine andere Wahl, als unseren Teil von Deutschland, den Teil, für den wir und die Briten die Verantwortung übernommen haben, zu einer Form von Unabhängigkeit zu führen, die so befriedigend, so gesichert, so überlegen ist, dass der Osten sie nicht gefährden kann. Das ist eine gewaltige Aufgabe für die Amerikaner. Aber sie lässt sich nicht umgehen; und hierüber, nicht über undurchführbare Pläne für eine gemeinsame Militärregierung, sollten wir uns Gedanken machen. (…) Besser ein zerstückeltes Deutschland, von dem wenigstens der westliche Teil als Prellbock für die Kräfte des Totalitarismus wirkt, als ein geeintes Deutschland, das diese Kräfte wieder bis an die Nordsee vorlässt. (…)

(George F. Kennan: Memoiren eines Diplomaten. Stuttgart 4. Aufl. 1968, S. 262 ff.)

▶ Was meinte Kennan mit „unseren Teil von Deutschland"?

▶ Stelle die Rolle dar, die Kennan dem westlichen Teil Deutschlands zuwies.

Regierungserklärung des Ministerpräsidenten der DDR, Otto Grotewohl, vom 12. Oktober 1949:

Die befreiende Tat der Sowjetunion, die uns die Bildung einer eigenen deutschen Regierung ermöglichte, verpflichtet uns, in Zukunft noch mehr als bisher für die Freundschaft mit der Sowjetunion einzutreten. Frieden und Freundschaft mit der Sowjetunion sind Voraussetzungen (…) für die nationale Existenz des deutschen Volkes und Staates.

(Zitiert nach: Akademie der Wissenschaften der DDR [Hrsg.]: DDR – Werden und Wachsen. Berlin (Ost) 1974, S. 158)

▶ Beschreibe, wie das Verhältnis zwischen DDR und UdSSR dargestellt wird.

▶ Was bedeutete dieses Verhältnis für die Beziehung zur entstandenen BRD und für die Gesellschaftsordnung der DDR?

EINGLIEDERUNG DER DEUTSCHEN STAATEN IN DAS WESTLICHE BÜNDNIS UND DEN OSTBLOCK (2)

Plakat zum Marshallplan

Plakat der SED nach einer sowjetischen Vorlage

➔ Stelle in der Tabelle gegenüber, mit welchen Mitteln für das jeweilige politische System geworben wird.

	Plakat 1	Plakat 2
Motiv		
Sprache		
Aussage		

➔ Forsche mit Hilfe eines (historischen) Lexikons o. Ä. nach, welchen finanziellen Umfang der Marshallplan aufwies, welche Länder daran teilhatten und welche Auswirkungen er für die BRD nach sich zog.

OPPOSITION IN WESTDEUTSCHLAND – DIE WIEDERBEWAFFNUNG

Wahlplakat der CDU 1953
(Konrad-Adenauer-Stiftung e. V., Archiv für Christlich-Demokratische Politik, Plakatsammlung)

Wahlplakat der SPD 1953
(Friedrich-Ebert-Stiftung, Archiv der sozialen Demokratie)

→ Vergleiche die beiden Wahlplakate zum Thema Wiederbewaffnung. Formuliere die Grundaussage beider Plakate in Stichpunkten.

CDU: _____

_____

SPD: _____

_____

Nicht nur seitens der SPD gab es Widerstand gegen eine Wiederbewaffnung, auch außerhalb des Parlaments regte sich in Form von Demonstrationen Kritik gegen Adenauers Ziel, wieder eine eigene Armee zu unterhalten.

→ Formuliere die Parolen in Argumente um. Überlege dir weitere mögliche Argumente und füge sie hinzu. Vergleicht eure Ergebnisse und ergänzt eventuell eure Liste.

_____

_____

WIDERSTAND IN DER DDR – DER AUFSTAND VOM 17. JUNI

Nachdem in Ost-Berlin die Arbeitsnormen (Arbeitsleistungen in einer bestimmten Zeit) in der Industrie erhöht, die Löhne aber gleichzeitig gesenkt wurden, kam es am 17. Juni 1953 zu einer Vielzahl von Streiks in der DDR. In Ostberlin weiteten sich die Arbeitsniederlegungen bald zu einem politischen Aufstand aus.

Das „Neue Deutschland", die Zeitung der SED, schrieb zum 17. Juni 1953:

Provokationen von Westberliner Kriegshetzern im demokratischen Sektor Berlins

Berlin (eigener Bericht). Am Dienstag verursachten Gruppen von aus Westberlin eingeschleusten Provokateuren Zwischenfälle im demokratischen Sektor von Berlin. Das Ziel der Provokation war die durch die neuen großzügigen Maßnahmen unserer Regierung (Erleichterungen im Verkehr zwischen Ost und West, Zulassung privater Industrie- und Handelsbetriebe usw.) angestrebte Verständigung zwischen den Deutschen zu torpedieren.
Die Agenten bedienten sich dabei eines Teils der Bauarbeiter, die sie zu einer Demonstration veranlassten. Sie nutzten die Tatsache aus, dass unter den Bauarbeitern eine starke Erregung über die unzulässige administrative Art der Normenfestsetzung herrscht. Die Mehrheit der Bauarbeiter des demokratischen Sektors folgte den Provokateuren nicht und blieb auf ihren Baustellen.
Am Abend des Dienstags drangen große Gruppen faschistischer Jugendlicher aus Westberlin in den demokratischen Sektor ein und versuchten vor allem in der Stalinallee Zerstörungen anzurichten.
Die Bevölkerung ging gemeinsam mit der Volkspolizei gegen die Banditen vor und zerstreute und vertrieb sie. Die Auffassung, dass man im demokratischen Sektor ungestraft randalieren könne, erwies sich als irrig.

(Zitiert nach: Neues Deutschland vom 18. Juni 1953)

➡ Unterstreiche in dem Text die Stellen, wo aus propagandistischen Gründen die Unwahrheit gesagt wird.

➡ Notiere, wem genau die Schuld an den Unruhen gegeben wird.

➡ Informiere dich über die genauen Hintergründe des 17. Juni. Schreibe eine Zusammenfassung der Geschehnisse.

DAS „WIRTSCHAFTSWUNDER" IN DER BRD (1)

Der wirtschaftliche Aufstieg der BRD ist untrennbar mit dem Namen des damaligen Wirtschaftsministers Ludwig Erhard verbunden. Sein System der „Sozialen Marktwirtschaft" ermöglichte der BRD einen enormen wirtschaftlichen Aufschwung in nur kurzer Zeit.

➔ Informiere dich in einem Lexikon oder in deinem Schulbuch über den Begriff „Soziale Marktwirtschaft".

➔ Untersuche den Aufbau des vorliegenden Wahlplakats: Teile es mit farbigen Markierungen in unterschiedliche Bereiche ein, die auf verschiedene Weise für Erhards Politik werben.

WOHLSTAND AUS EIGENER KRAFT

Seit fünf Jahren wächst und erstarkt die deutsche Wirtschaft, so rasch, daß die Welt erstaunt. Am eigenen Leib, an Kleid und Nahrung, hat's jeder von uns erfahren. Verantwortlich für die deutsche Wirtschaft steht vor uns Professor Dr. Ludwig Erhard. Er hat für uns Entscheidendes geleistet.

1948 Ein zerstörtes Land, ein durch Hunger geschwächtes Volk, eine zerrüttete Währung. Ehrliche Arbeit hatte ihren Sinn verloren.

Mit schnellem Entschluß zerreißt Ludwig Erhard am Tage der Währungsreform die Karten und Bezugscheine der Zwangswirtschaft.

Seine Ideen feuern die Wirtschaft an: Zeige jeder, was er kann! Sicherheit des Daseins soll jeder aus sich selbst, aus seiner schöpferischen Arbeit gewinnen. Professor Erhard verkündet: Nur ein freier Wettbewerb steigert die Produktion und die Qualität unserer Erzeugnisse. Nur harte Konkurrenz, nicht Polizei und Schnellgerichte, drücken die Preise und erhöhen die Kaufkraft des Geldes. Wir schaffen Arbeit, nicht durch Inflation, sondern durch Aufbau. Nur wenn soziale Gesinnung und persönliches Leistungsstreben sich vereinigen, können wir dauerndem Wohlstand entgegengehen.

1953 Fünf Jahre harter Arbeit liegen hinter uns, aber sie waren nicht vergeblich.

Das graue Gespenst der Arbeitslosigkeit wurde gebannt. Fast drei Millionen neue Arbeitsplätze wurden geschaffen. Wohnungen für über 5 Millionen Menschen wurden neu erbaut.

Unerbittlich wacht Erhard über den festen Wert des Geldes. Die D-Mark ist heute so kerngesund wie der Dollar und der Schweizer Franken. Der deutsche Export, ohne den wir hungern müßten, ist in vier Jahren um das Siebenfache gestiegen. Wir verfügen über 6 Milliarden D-Mark an Gold und Devisen.

In Deutschland ist der Mensch nicht verstaatlicht, sondern Staat und Wirtschaft sind dem Menschen dienstbar gemacht worden! Das ist der „betrügerische Bankrott", der Ludwig Erhard von seinen Gegnern vorausgesagt wurde. Aber er weiß, daß er längst die überwältigende Mehrheit des Volkes hinter sich hat.

ERHARDS SOZIALE MARKTWIRTSCHAFT

Nach einem Wahlplakat der CDU aus dem Jahr 1953

➔ Beschreibe, wie in den einzelnen Teilen für die „Soziale Marktwirschaft" geworben wird.

DAS „WIRTSCHAFTSWUNDER" IN DER BRD (2)

Chanson vom Wirtschaftswunder aus dem Film „Wir Wunderkinder" (1958):

Wir Wunderkinder von 1945 bis …?
Na, erstmal abwarten …
Die Straßen haben Einsamkeitsgefühle,
und fährt ein Auto, ist es sehr antik.
Nur ab und zu mal klappert eine Mühle – ist ja kein
Wunder nach dem verlorenen Krieg.
Aus Pappe und aus Holz sind die Gardinen.
Den Zaun bedeckt ein Zettelmosaik.
Wer rauchen will, der muss sich selbst bedienen –
ist ja kein Wunder nach dem verlorenen Krieg.
Einst war'n wir mal frei, nun sind wir besetzt.
Das Land ist entzwei, was machen wir jetzt?
Jetzt kommt das Wirtschaftswunder,
jetzt kommt das Wirtschaftswunder,
Jetzt gibt's im Laden Karbonaden
schon und Räucherflunder.

Jetzt kommt das Wirtschaftswunder,
jetzt kommt das Wirtschaftswunder!
Der deutsche Bauch erholt sich auch
und ist schon sehr viel runder,
jetzt schmeckt das Eisbein wieder in Aspik –
ist ja kein Wunder, nach dem verlorenen Krieg.
Man muß beim Autofahren
nicht mehr mit Brennstoff sparen.
Wer Sorgen hat, hat auch Likör –
und gleich in hellen Scharen.
Die Läden offenbaren uns wieder Luxuswaren.
Die ersten Nazis schreiben fleißig ihre Memoiren,
denn den Verlegern fehlt es an Kritik –
ist ja kein Wunder, nach dem verlorenen Krieg.

Wenn wir auch ein armes Land sind
und so ziemlich abgebrannt sind,
zeigen wir, dass wir imposant sind,
weil wir etwas überspannt sind.
Wieder hau'n wir auf die Pauke:
„Wir leben hoch, hoch, hoch,
hoch, hoch, höher, hoch!"
Das ist das Wirtschaftswunder,
das ist das Wirtschaftswunder!
Zwar gibt es Leut', die leben heut'
noch zwischen Dreck und Plunder.
Doch für die Naziknaben,
die das verschuldet haben,
hat unser Staat viel Geld parat
und spendet Monatsgaben.
Wir sind 'ne ungelernte Republik –
ist ja kein Wunder, nach dem verlorenen Krieg.

Text: Günther Neumann
© by Rolf Budde Musikverlag GmbH (Edition Takt & Ton), Berlin

(Zitiert nach: Harald Mager/Friederike Terpitz: Geschichte in Liedern – Deutschland im 20. Jahrhundert. Stuttgart 1997, S. 48)

➡ Unterstreiche mit einer Farbe die Erfolge des „Wirtschaftswunders" und mit einer anderen Farbe die Kritikpunkte, die in dem Chanson angesprochen werden.

➡ Trage die Ergebnisse in die Tabelle ein.

Erfolge des Wirtschaftswunders	Kritik am Wirtschaftswunder

➡ Diskutiert in der Klasse, ob das „Wirtschaftswunder" ein „echtes" Wunder war oder nicht.

PLANWIRTSCHAFT IN DER DDR

Die Teilung Deutschlands fand ihren Ausdruck auch in unterschiedlichen Wirtschaftssystemen. In der SBZ wurde die Planwirtschaft nach sowjetischem Vorbild eingeführt. Planwirtschaft bedeutete, dass die gesamte Wirtschaft staatlich geplant und gelenkt wurde, die Preise sowohl für Güter als auch für Dienstleistungen und Löhne von staatlicher Seite festgelegt wurden, es kein Privateigentum an Produktionsmitteln gab und damit auch keine wirtschaftlich aktiven Unternehmer.

Karikaturen zum Kaufalltag in der DDR:

„Vorführen? Na hörnse mal, Sie kriegen doch 'ne Gebrauchsanweisung! Oder könnse nich lesen?"

„Sie müssen sich etwas gedulden, mein Herr, bei uns herrscht nämlich Personalmangel!"

(Aus: Praxis Geschichte 5/1997, S. 19)

➡ Arbeite heraus, welche Kritik an dem Verhalten des Verkaufspersonals geübt wird.

➡ Überlege dir, welche Nahrungsmittel und welche Kleidung du für die nächsten 5 Jahre brauchst, und errechne deinen persönlichen Bedarf.

➡ Stelle einen „Plan" für deine gesamte Klasse auf. Vergleiche das Ergebnis mit dem deiner Nachbarin/deines Nachbarn. Auf welche Schwierigkeiten stoßt ihr?

BERLIN-KRISE UND MAUERBAU (1) – DIE HALTUNG DER SUPERMÄCHTE

Nachdem die innerdeutsche Grenze beinahe unüberwindlich geworden war, blieb Berlin die letzte Möglichkeit zur Flucht aus der DDR. Um den Flüchtlingsstrom einzudämmen, schlug Chruschtschow 1959 im Berlin-Ultimatum vor, West-Berlin müsse eine entmilitarisierte „freie Stadt" werden. Darauf antwortete US-Präsident Kennedy mit der Forderung nach den „Three Essentials".

→ Informiere dich, welche drei Forderungen Kennedy stellte.

___

→ Untersuche, wie in der folgenden Karikatur die Haltung der Supermächte zur Berlin-Frage zum Ausdruck kommt.

„Bis hierher und nicht weiter ..."
(Zeichnung: Ernst Maria Lang 1961; aus Horst Pötzsch: Deutsche Geschichte nach 1945. Landsberg 1997, S. 111)

USA: ___

UdSSR: ___

Bei einer Pressekonferenz am 15. Juni 1961 dementierte DDR-Staatsratsvorsitzender Walter Ulbricht Pläne zum Mauerbau, der allerdings bereits beschlossene Sache war.

→ Entwirf die inoffizielle, geheime Anweisung Ulbrichts zum Mauerbau.

___

NEUES DEUTSCHLAND

„Ich verstehe Ihre Frage so, daß es in Westdeutschland Menschen gibt, die wünschen, daß wir die Bauarbeiter der Hauptstadt der DDR dazu mobilisieren, eine Mauer aufzurichten. Mir ist nicht bekannt, daß eine solche Absicht besteht.
Die Bauarbeiter unserer Hauptstadt beschäftigen sich hauptsächlich mit Wohnungsbau, und ihre Arbeitskraft wird dafür voll eingesetzt.

Niemand hat die Absicht, eine Mauer zu errichten!"

Ulbricht am 15. Juni 1961 auf einer internationalen Pressekonferenz in Ostberlin

BERLIN-KRISE UND MAUERBAU (2) – REAKTION AUF DEN MAUERBAU

Im Morgengrauen des 13. August 1961 begann die Abriegelung Ost-Berlins mit dem Bau der Berliner Mauer, die ganz Berlin umschloss, Straßen zerteilte, Familien trennte und die Stadt für die nächsten 28 Jahren spaltete.

Kommentar der „Bildzeitung" am 16.8.1961:

Enttäuscht

Der Osten hat gehandelt. Der Osten handelt noch. Die Stacheldrahtverhaue in Berlin werden dichter. Die Kontrollen werden schärfer. Immer mehr Panzer kommen in die Stadt. Was tut der Westen? Der Westen tut nichts. In den westlichen Hauptstädten wird beraten, nachgedacht, spekuliert, Fühlung genommen. Man bereitet „Schritte" vor. Man versucht sich zu einigen. Und inzwischen rennen sich unsere Landsleute am Stacheldraht der Kommunisten die Köpfe blutig. Was tun eigentlich die westlichen Staatsmänner? Kennedy, der junge Präsident, schweigt. McMillan, der erfahrene Premier, schießt Schnepfen. Adenauer, der greise Kanzler, spielt Wahlkampf. In einer der schwersten Situationen der deutschen Nachkriegsgeschichte bringt es der Kanzler fertig, seinen politischen Gegner Brandt persönlich zu beleidigen (...).

Am 13. August hat Ulbricht die Fluchtwege abgeriegelt und den Sowjetsektor in ein Militärlager verwandelt. Erst drei Tage später hat sich die Bundesregierung zu einer Sondersitzung aufgerafft, wie kläglich. Und westliche Diplomaten sind sogar der Meinung, alliierte Rechte in Berlin seien nicht unmittelbar betroffen. Alliierte Rechte sind natürlich e i n d e u t i g verletzt worden. Gerade deshalb ist das lange Schweigen, das hilflose Abwarten, das bedächtige Zögern unserer westlichen Partner für uns alle niederschmetternd. Wir sind enttäuscht. Wir sind in das westliche Bündnis gegangen, weil wir geglaubt haben, dies sei für Deutschland wie für den Westen die beste Lösung. Die Mehrheit der Deutschen, die überwältigende Mehrheit sogar, ist auch heute noch davon überzeugt. Nun wird diese Überzeugung nicht gerade gestärkt, wenn einige unserer Partner in dem Augenblick, in dem die deutsche Sache in größter Gefahr ist, kühl erklären: „Alliierte Rechte sind nicht betroffen." Die deutsche Sache ist in größter Gefahr. Berlin ist plötzlich kein Tor zur Freiheit mehr. Das Tor ist nämlich zu. Es ist seit drei Tagen zu. Und bisher ist nichts geschehen – außer einem Papierprotest der alliierten Kommandanten. Wir sind enttäuscht.

▶ Notiere die Vorwürfe, die gegenüber den westlichen Politikern erhoben werden.

▶ Fasse kurz zusammen, was der Autor des Artikels befürchtet.

▶ Ihr seid Leser der Bildzeitung und wollt eure Empörung zum Ausdruck bringen. Entwerft in der Klasse ein Protestschreiben an Kanzler Adenauer bzw. an Präsident Kennedy, in dem ihr sie zum Handeln aufruft.

BERLIN-KRISE UND MAUERBAU (3) – BEWERTUNG DER MAUER IN OST UND WEST

Der Mauerbau rief in Ost und West unterschiedliche Reaktionen hervor. Die nachfolgenden Karikaturen erschienen in der westdeutschen Tageszeitung „Die Welt" (14.8.1961) und der DDR-Zeitung „Neues Deutschland" (23.8.1961).

▶ Ordne den Zeichnungen die jeweilige Quelle zu und begründet anhand der Bildelemente, wie die Mauer jeweils bewertet wird.

Bild 1	Bild 2
Erschienen in:	Erschienen in:
Charakterisierung des Grenzsoldaten:	Charakterisierung des Grenzsoldaten:
Darstellung der Mauer:	Darstellung der Mauer:
Bewertung der Mauer:	Bewertung der Mauer:

GESCHICHTE

BRD und DDR in den 1950er und 1960er Jahren

GRUNDLEGENDE INFORMATIONEN – AUFGABENSTELLUNG UND STATIONEN

Die Entwicklung der DDR und BRD nach der Teilung 1949 verlief sehr unterschiedlich, obwohl es auch Parallelen gibt. Die Entwicklung beider deutscher Staaten war stark von den unterschiedlichen Systemen der Großmächte geprägt, die sich im Kalten Krieg feindlich gegenüberstanden. Im folgenden Lernzirkel soll vor allem auf den Alltag der Menschen eingegangen werden. Anhand der unterschiedlichen Stationen könnt ihr einen Einblick in die verschiedenen Lebensbereiche der Bürger des geteilten Deutschlands bekommen.

→ Für jede Station gibt es mindestens zwei Arbeitsblätter. Die Stationen 1–5 sind verpflichtend, die Video-Station (6) ist als freiwillige Wahlstation gedacht für diejenigen von euch, die schon etwas früher mit den Arbeitsblättern fertig sind. Achtet darauf, dass ihr die anderen bei ihrer Arbeit nicht stört, wenn ihr das Video anschaut. Auch an den Stationen, an denen ihr Musik hört, müsst ihr auf eure Mitschüler Rücksicht nehmen. Für viele Stationen werden euch euer Schulbuch und ein historisches Lexikon nützlich sein. Einmal benötigt ihr auch einen historischen Atlas (Station 3). Ihr könnt selbst entscheiden, in welcher Reihenfolge ihr die Stationen bearbeiten wollt, und auch, ob ihr dies allein, zu zweit oder in der Gruppe macht.
Notiert euch unten, wie lange ihr für die einzelnen Stationen gebraucht habt und ob ihr allein oder mit anderen zusammengearbeitet habt.

Name: _____

Station	Datum	Arbeitsform	Zeit
Station 1: Jugend und Erziehung in der DDR (1) und (2) Jugend und Erziehung in der BRD			
Station 2: Reisen in der BRD (1) und (2) Reisen in der DDR			
Station 3: Frauenbild in der BRD Frauenbild in der DDR			
Station 4: Verdrängung in der BRD Vereinnahmung in der DDR			
Station 5: „Massenkultur" in der BRD „der Sozialistische Realismus" in der DDR			
Station 6: Videosequenz: Die wilden 60er Jahre, Folge 2; Guido Knopp: 100 Jahre. Die Bilder des Jahrhunderts (1950–1960)			

Abkürzungen Arbeitsform: Gruppenarbeit (GA), Partnerarbeit (PA), Einzelarbeit (EA)

JUGEND UND ERZIEHUNG IN DER DDR (1)

Gute Freunde (1961):

1. Soldaten sind vorbeimarschiert
im gleichen Schritt und Tritt.
Wir Pioniere kennen sie
und laufen fröhlich mit, juchhei!
Wir Pioniere kennen sie
und laufen fröhlich mit.

(Refrain)
Gute Freunde, gute Freunde,
gute Freunde in der Volksarmee.
Sie schützen unsere Heimat
zu Land, zur Luft und auf der See,
juchhei!
Sie schützen unsre Heimat
zu Land, zur Luft und auf der See.

2. Der Hauptmann, der den Zug anführt,
den kennen wir genau.
Vor Jahren stand als Maurer er
bei uns noch auf dem Bau.

Gute Freunde ...

3. Ein Leutnant führt den zweiten Zug
mit fröhlichem Gesicht.
Als Lehrer gab er früher uns
den schönsten Unterricht.

Gute Freunde ...

4. Der Flügelmann im ersten Glied
mit Stahlhelm und MPi,
als Melker der Genossenschaft
betreute er das Vieh.

Gute Freunde ...

5. Soldaten sind vorbeimarschiert,
die ganze Kompanie.
Und wenn wir groß sind, wollen wir
Soldaten sein, so wie sie.

Gute Freunde ...

(Zitiert nach: Harald Mayer/Friederike Terpitz. Geschichte in Liedern – Deutschland im 20. Jahrhundert. Stuttgart 1997, S. 42)

➔ Zähle die Berufsgruppen auf, die in dem Lied genannt werden.

___

➔ Notiere, welcher Eindruck von der Gesellschaft der DDR vermittelt wird.

___

➔ Welche Rolle hat die Volksarmee in der DDR inne? Vor wem muss sie die Bevölkerung „schützen"?

___

➔ Dichte aus der Perspektive mitlaufender Schüler zwei Strophen auf die Bundeswehr. Worin unterscheidet sich dein Gedicht von dem Lied der Pioniere?

___

Lernzirkel: Alltag in der DDR und in der BRD 1 — GESCHICHTE

JUGEND UND ERZIEHUNG IN DER DDR (2)

Zensuren			
Deutsche Sprache und Literatur	sehr gut	Einführung in die sozialistische Produktion	sehr gut
Russisch	sehr gut	Produktive Arbeit	sehr gut
Mathematik	sehr gut		
Physik	sehr gut	Geschichte	sehr gut
Astronomie	sehr gut	Staatsbürgerkunde	sehr gut
Chemie	sehr gut	Kunsterziehung	sehr gut
Biologie	sehr gut	Musik	sehr gut
Geographie	sehr gut	Sport	gut
Fakultativ Englisch	sehr gut	Französisch	
AG Rahmenprogramm			

Die Abschlußprüfung wurde s e h r g u t bestanden.

Vorsitzender/Direktor

Abschlusszeugnis eines Schülers nach der 10. Klasse der Polytechnischen Oberschule

---

XXXX XXXXXXXX

geboren am XXXXXX   in XXXXXXXX

hat die zehnklassige allgemeinbildende polytechnische Oberschule besucht und sich der Abschlußprüfung unterzogen.

Gesamteinschätzung

XXXX ist ein begabter, vielseitig interessierter und selbstbewußter Schüler, der ein gutes kameradschaftliches Verhältnis zu seinen Mitschülern hat. Durch seine Mitarbeit im Unterricht bewies er, daß er in der Lage ist, logisch zu denken, Zusammenhänge zu erfassen und daß er anwendungsbereite Kenntnisse besitzt. Um seine Leistungsgrenze zu erreichen, muß er jedoch noch höhere Anforderungen an sich selbst stellen. Als Mitglied der FDJ nahm er am gesellschaftlichen Leben der Klasse teil und erfüllte übertragene Aufgaben gewissenhaft. XXXX erwarb das Abzeichen „Für gutes Wissen" in Silber. Am Lager für Wehrausbildung nahm er teil und erhielt für gute Ausbildungsergebnisse einen Dank vor angetretener Hundertschaft.

(Zitiert nach: Eva Windmöller/Thomas Höpker: Leben in der DDR. Hamburg 1977, S. 102)

➜ Vergleiche dieses Zeugnis mit deinem eigenen. Welche Unterschiede (Unterrichtsfächer, Formulierungen) fallen dir auf?

Lieber Genosse Honecker!
Bedanken möchte ich mich dafür, dass wir, meine Mutti, meine Geschwister und ich, in einer schönen modernen Neubauwohnung wohnen können. – Begriffe wie Elend, Obdachlosigkeit usw. sind uns fremd. Ebenso ist es mit der Arbeitslosigkeit, die ja zum Beispiel in der BRD ein großes Problem ist. Bei uns ist auch dieser Begriff ein Fremdwort. Eventuelle Schwierigkeiten werden gemeistert. Das können wir durch eigenes Erleben bestätigen. (...)

➜ Schreibe diesen Brief, der den Anfang eines Deutschaufsatzes darstellte, auf einem gesonderten Blatt zu Ende.

➜ Diskutiert, warum ein Schüler einen solchen Brief an Honecker schrieb. Haltet euer Ergebnis schriftlich fest.

JUGEND UND ERZIEHUNG IN DER BRD

Kinder der Klassen eins bis acht in einem Klassenzimmer

➔ Betrachte das Foto genau. Liste die Unterschiede auf, die dir bei einem Vergleich mit heutigen Klassenfotos auffallen.

In dem Roman „Schlussball" von Gerd Gaiser, der die Nachkriegsgesellschaft einer Kleinstadt charakterisiert, wird die Atmosphäre an einem Gymnasium beschrieben.

(...) Die Behörden versuchten sie (die Schüler) zu bilden auf die Weise, die auf die Herren von Humboldt zurückging. Aber dann kam die Lebensnähe, und jetzt wurde es Lebensnähe plus Humboldt. Die Öffentlichkeit verlangte, dass man die jungen Leute fürs Leben abrichte. Aber was war das für ein Leben? Lebensnähe war ungefähr so: Ein Herr, eine Kapazität in Dachpappe oder Kunststoffsohlen, bekam einen Praktikanten. Der Praktikant kam von einer Schule, er hatte Sallust gelesen. (...) Er war bereit, die Herstellung von Kunststoffsohlen zu erlernen; jedoch die Kapazität war enttäuscht, dass ihr die Schule nicht vorarbeite. Laut rief die Kapazität: Lebensnähe! – Warum auch nicht? (...) und die Lehrpläne schwollen auf. Alles Lebensnähe, und was war das für ein Leben? Das, wobei verdient wird.

(Gerd Gaiser: Schlussball. Frankfurt/M. 1961, S. 36, 37
© 1958 Carl Hanser Verlag München C-Wien)

➔ Informiere dich in einem Lexikon, wer „von Humboldt" war. Was versteht man unter dem Humboldt'schen Bildungsideal?

➔ Formuliere die Kritik, die in dem Romanausschnitt am Schulwesen geübt wird.

REISEN IN DER BRD (1)

Der Schlager „Capri Fischer" (1950) war einer der größten Erfolge der Nachkriegszeit. Viele Schlager dieser Zeit beschäftigten sich mit dem Phänomen „Italien", das damals (vielleicht auch noch heute) bei den Menschen besondere Sehnsüchte und Wünsche hervorrief. „Zwei kleine Italiener" von Conny Froboess entstand 1962. Auch hier sind Italien und bestimmte Vorstellungen von diesem Land das Thema.

Capri Fischer

Wenn bei Capri die rote Sonne im Meer
versinkt und vom Himmel die bleiche Sichel
des Mondes blinkt,
zieh'n die Fischer mit ihren Booten aufs Meer hinaus,
und sie werfen im weiten Bogen die Netze aus.
Nur die Sterne, sie zeigen ihnen am Firmament,
ihren Weg mit den Blicken, die jeder Fischer kennt,
und von Boot zu Boot das alte Lied erklingt,
hör von fern, wie es singt.

Bella, bella, bella, bella Marie, bleib mir treu,
ich komm' zurück morgen früh.
Bella, bella, bella Marie, vergiss mich nie.

Sieh den Lichterschein, draußen auf dem Meer,
ruhelos und klein, was kann das sein?
Was irrt da spät nachts umher?
Weißt du, was da fährt, was die Flut durchquert?
Ungezählte Fische, deren Lied von fern man hört.

Wenn bei Capri die rote Sonne im Meer
versinkt, und vom Himmel die bleiche Sichel des
Mondes blinkt, ...
(Refrain)

(Zitiert nach: www.ndh.net.home/karten/Spezial/D/Capri-Fischer.html; Lyricsplayground.com/alpha/songs/2/zwei kleine Italiener.html)

Zwei kleine Italiener

Eine Reise in den Süden ist für andre schick
und fein,
doch zwei kleine Italiener möchten gern
zu Hause sein.
Zwei kleine Italiener,
die träumen von Napoli,
von Tina und Marina,
die warten schon lang auf sie.
Zwei kleine Italiener,
die sind so allein.
Eine Reise in den Süden ... (Refrain)
oh Tina, oh Marina,
wenn wir uns einmal wiedersehen,
oh Tina oh Marina,
dann wird es wieder schön.
Zwei kleine Italiener,
vergessen die Heimat nie,
die Palmen und die Mädchen
am Strande von Napoli.
Zwei kleine Italiener,
die sehen ein ... (Refrain)
Zwei kleine Italiener
am Bahnhof, da kennt man sie.
Sie kommen jeden Abend
zum D-Zug nach Napoli.
Zwei kleine Italiener sehn stumm hinterdrein.
(Refrain)

➡ Überlegt, warum in den 1950er Jahren Italien im Lied „Capri Fischer" auf diese Weise besungen wurde. Welches Bild von „Italien" wird vermittelt und welche Sehnsüchte werden angesprochen?

➡ Hört euch diesen Schlager gemeinsam an und achtet auf die musikalische Gestaltung des Liedes. Was fällt euch auf?

➡ Die „Capri Fischer" wurden schon 1943 produziert. Forscht nach, warum dieser eigentlich harmlose Schlager im Dritten Reich nicht verkauft werden durfte.

REISEN IN DER BRD (2)

→ Worin liegt der große Unterschied zwischen den beiden Schlagern „Capri Fischer" und „Zwei kleine Italiener"?

_____
_____
_____

→ Welche neue besondere Entwicklung im Verhältnis zwischen Italien und Deutschland wird thematisiert?

_____
_____

Die folgenden Hinweisschilder eines Campingplatzes am Gardasee zeigen, dass sich die Italiener sehr schnell auf ihre deutschen Gäste einstellten und das Geschäft mit den deutschen Touristen „boomte".

Deutscher Terrassen Zeltplatz

direkt am See – kein Strassenlärm – bewacht
26000 m² Fläche   260 m Badestrand
20 Kochstellen, 12 Waschplätze, Duschen, 12 WC
Bügeltische – Wäschwaschen – Lebensmittel
Getränke preiswerter Kantinenbetrieb · gepflegt
empfohlen (Nachlässe) ADAC-FICC-DCC · usw.

INTERNATIONAL CAMPING *Lili Marleen*
DEUTSCHE LEITUNG
CAMPING

Camping Casina
Deutsche Küche

Zeltvermietung →

→ Schreibe einen Dialog zwischen zwei Deutschen, die aufgrund dieser Schilder den Camping-Platz besuchen.

_____
_____
_____

→ Notiere ein Gespräch zwischen zwei Italienern, die als Gäste auf diese Schilder stoßen.

_____
_____
_____

REISEN IN DER DDR

Die Benutzung der Strandkörbe war nur bestimmten Ferienheimen gestattet.

➜ Überlege, was diese Einschränkung für einen Urlauber der DDR bedeutete.

_____

_____

_____

➜ Informiere dich anhand eines historischen Atlasses über mögliche Ferienziele für DDR-Bürger. Welche Länder waren wohl besonders attraktiv?

_____

_____

_____

Witze aus der DDR:

Jetzt können DDR-Touristen wieder nach Polen reisen. – Ja wirklich? Ja. Damit sie schon jetzt sehen können, wie es uns in der DDR im kommenden Jahr gehen wird. (Oktober 1982)

Was sind die drei kleinsten Bücher des sozialistischen Weltsystems? 1. Das rumänische Sparbuch. 2. Das polnische Arbeitsbuch. 3. Der Reiseatlas der DDR. (1988)

(Zitiert nach: Reinhard Wagner [Hrsg.]: DDR-Witze. Berlin 1998)

➜ Fasse die Kritik, die in diesen Witzen zum Ausdruck kommt, schriftlich zusammen.

_____

_____

_____

_____

FRAUENBILD IN DER BRD

Nachdem die Frauen in der direkten Nachkriegszeit wichtige Aufbauarbeit für den neuen Staat geleistet hatten, sollten sie in den 1950er und 1960er Jahren wieder eine andere Rolle übernehmen. Franz Wuermeling, der erste Bundesfamilienminister, propagierte die kinderreiche Familie und bekundete seinen Widerstand gegen die Erwerbstätigkeit von Müttern mit der Feststellung: „Für Mutterwirken gibt es nun einmal keinen vollwertigen Ersatz."

	1950	1960	1970	1975	1990
Frauenerwerbsquote (ab 15 Jahre)	39,9	41,7	38,4	38,8	38,8
davon Anteil der:					
Arbeiterinnen/Angestellten	40,4	36,3	35,7	32,4	28,2
Beamtinnen	21,3	34,3	44,2	51,0	53,1
Selbstständigen	7,6	7,3	5,7	5,1	2,0
mithelfenden Familienangehörigen	30,7	22,0	14,5	11,5	8,3
Erwerbsquote verheirateter Frauen	24,8	32,8	36,4	39,1	42,9

Der Anteil der Frauen an der Gesamtzahl der Erwerbstätigen in Prozent

(Zitiert nach: Soziologischer Almanach 3/1979, S. 336 und Statistisches Jahrbuch 1984 und 1990)

➡ Werte die obenstehende Tabelle aus: Wie entwickelte sich die Berufstätigkeit von Frauen in der Bundesrepublik im Allgemeinen?

_____

_____

➡ Wie entwickelte sich die Berufstätigkeit von verheirateten Frauen?

_____

_____

➡ In welchem Arbeitssektor gab es die stärksten Veränderungen? Versuche Gründe dafür zu finden.

_____

➡ Fasse deine Beurteilung über die Entwicklung der Erwerbstätigkeit von Frauen in einem knappen Urteil zusammen.

_____

➡ Forsche mit Hilfe eines Geschichtslexikon nach, in welchen Schritten sich die Gleichstellung von Mann und Frau seit 1949 vollzogen hat. Die folgenden Jahreszahlen dienen als Anhaltspunkte.

1949: _____

_____

1975: _____

_____

FRAUENBILD IN DER DDR

„Es ist in der Tat eine der größten Errungenschaften des Sozialismus, die Gleichberechtigung der Frau in unserem Staat sowohl gesetzlich als auch im Leben weitgehend verwirklicht zu haben. Kein kapitalistisches Land der Erde kann Gleiches von sich behaupten." (E. Honecker) Gleichberechtigt, qualifiziert und anerkannt – laut staatlich propagiertem Frauenbild standen die Frauen „ihren Mann", in Beruf, Politik und Familie. Als Belege wurden häufig der hohe Grad der Berufstätigkeit der Frauen sowie der hohe Frauenanteil in der Volkskammer angeführt.

Beschäftigungsgrad der Frauen in der DDR

1950	49 %	in Beschäftigung oder Ausbildung
1960	70 %	in Beschäftigung oder Ausbildung
1970	82 %	in Beschäftigung oder Ausbildung
1981	91 %	in Beschäftigung oder Ausbildung

(Zitiert nach: Egon Hölder [Hrsg.]: Im Trabi durch die Zeit. 40 Jahre Leben in der DDR. Wiesbaden 1992, S. 78)

Kindergartenplätze (3–6 Jahre)

| 1954 | 274 |
| 1963 | 506 |

Kinderkrippenplätze (bis 3 Jahre)

| 1954 | 47,5 |
| 1963 | 148 |

Anteil der Frauen an der Berufstätigkeit einzelner Wirtschaftsbereiche:

	1955	1960	1965	1969
Insgesamt	44,0 %	45,0 %	46,7 %	48,0 %
Industrie	37,7 %	40,5 %	39,9 %	42,0 %
Land- und Forstwirtschaft	51,3 %	45,7 %	47,8 %	46,0 %
Handel	59,0 %	64,8 %	67,2 %	69,0 %
Nichtproduzierende Bereiche	–	64,2 %	68,0 %	69,9 %

(Zitiert nach: Praxis Geschichte 5/1997, S. 17)

➡ Werte die oben stehenden Tabellen aus.
Wie entwickelte sich die Berufstätigkeit von Frauen in der DDR im Allgemeinen?

➡ Erkläre, warum es für Frauen in der DDR einfacher war, Familie und Beruf zu verbinden, als für Frauen in Westdeutschland.

➡ Informiere dich, welche Errungenschaften des sozialistischen Staates für die Frau im wiedervereinigten Deutschland verlorengingen.

➡ Welche Schlüsse kannst du ziehen, wenn du die Erwerbstätigkeit von Frauen im Westen und Osten Deutschlands vergleichst?

VERDRÄNGUNG IN DER BRD

G. G. geboren 1919, Kleindarsteller bei Film und Fernsehen:

In welchem Film haben Sie zuerst mitgewirkt?
„Das war, warten Sie mal, so um 1950 herum. Mein erster Film war „Das Schwarzwaldmädel". Da hatte ich nur eine Statistenrolle: Dorfbevölkerung! Dann „Grün ist die Heide". Vor allem war ich gern bei den Ganghofer-Filmen dabei: ‚Das Schweigen im Walde' und die vielen anderen."

Wie sehen Sie diese Filme heute?
„Ach, es war doch immer die gleiche Handlung: Liebesgeschichte, Heimatliebe, Natur, immer wieder Natur: die Heide, die Alpen, Rehe und Hirsche, Wildbäche … eine Idylle. Wir sehnten uns doch damals alle nach dem kleinen Glück, nach Gemütlichkeit, nach Ruhe, nach – nach Heimat eben … Wir hatten eine Botschaft."

Wie lautete sie?
„Habe Mut, überwinde die Schwierigkeiten durch Liebe, das Leben lohnt sich – so etwa."

(Zitiert nach: Praxis Geschichte 6/1996, S. 54)

→ Kennzeichne die Motive auf dem Filmplakat, die in dem Interview angesprochen werden, jeweils mit der gleichen Farbe.

(akg-images)

→ Verfasse in Stichpunkten eine kurze Geschichte, die der Film vom Filmplakat erzählen könnte.

→ Forsche nach, welche Erfahrungen der Vergangenheit in der Gegenwart durch „Heimatfilme" verdrängt werden sollten.

→ Diskutiert, warum gerade solche Filme, wie sie in der Quelle beschrieben werden, sich so großer Beliebtheit erfreuen. Wie beurteilst du heute den so genannten „Heimatfilm" und seine Botschaft?

VEREINNAHMUNG IN DER DDR

Im Gegensatz zur Bundesrepublik, in der die Menschen sich nach dem 2. Weltkrieg von der Politik distanzierten, wurden die Menschen in der DDR dazu gedrängt, sich aktiv in den sozialistischen Staat einzubringen. Das folgende Propaganda-Plakat zeigt die Erwartungen des Staates an seine Bürger.

10 GEBOTE
für den neuen sozialistischen Menschen

1. Du SOLLST Dich stets für die internationale Solidarität der Arbeiterklasse und aller Werktätigen sowie für die unverbrüchliche Verbundenheit aller sozialistischen Länder einsetzen.
2. Du SOLLST Dein Vaterland lieben und stets bereit sein, Deine ganze Kraft und Fähigkeit für die Verteidigung der Arbeiter- und Bauern-Macht einzusetzen.
3. Du SOLLST helfen die Ausbeutung des Menschen durch den Menschen zu beseitigen.
4. Du SOLLST gute Taten für den Sozialismus vollbringen, denn der Sozialismus führt zu einem besseren Leben für alle Werktätigen.
5. Du SOLLST beim Aufbau des Sozialismus im Geiste der gegenseitigen Hilfe und der kameradschaftlichen Zusammenarbeit handeln, das Kollektiv achten und seine Kritik beherzigen.
6. Du SOLLST das Volkseigentum schützen und mehren.
7. Du SOLLST stets nach Verbesserung Deiner Leistungen streben, sparsam sein und die sozialistische Arbeitsdisziplin festigen.
8. Du SOLLST Deine Kinder im Geiste des Friedens und des Sozialismus zu allseitig gebildeten, charakterfesten und körperlich gestählten Menschen erziehen.
9. Du SOLLST sauber und anständig leben und Deine Familie achten.
10. Du SOLLST Solidarität mit den um ihre nationale Befreiung kämpfenden und den ihre nationale Unabhängigkeit verteidigenden Völkern üben.

WALTER ULBRICHT AUF DEM V. PARTEITAG DER SED AM 10. JULI 1958 IN BERLIN

→ Beschreibe, wie dieses Plakat aufgebaut ist und mit welchen sprachlichen Mitteln es arbeitet.

→ Welche der Forderungen konnten am schwierigsten erfüllt werden? Begründe deine Entscheidung.

„MASSENKULTUR" IN DER BRD

Nur etwa ein Drittel der westdeutschen Bevölkerung lasen in den 1950er Jahren gelegentlich oder öfter ein Buch. Mehr als ein Drittel der Haushalte besaß Mitte des Jahrzehnts überhaupt keine Bücher.
Mit Beginn der 1960er Jahre hatte ein Viertel der Haushalte dagegen ein Fernsehgerät. Der Rundfunk und besonders das Fernsehen entwickelten sich zur so genannten „Massenkultur" bzw. den „Massenmedien". Das Programm war zwar teilweise durchaus anspruchsvoll, trotzdem kann man wohl sagen, dass sich mit dem Siegeszug des Fernsehens das kulturelle Leben veränderte.

GESCHICHTE

Lernzirkel: Alltag in der DDR und in der BRD 5

MO 9. NOVEMBER

- 17.00 Aus Hamburg
  Vertrag mit dem Wassermann
- 17.25 **Albrecht Dürer** (Jugendstunde)
- 17.50 **Vom Umgang mit Hunden**
  Ulr. Klever stellt den Pudel vor

REGIONALPROGRAMM
- 18.45 München: Abendschau
- 18.45 Hamburg, Bremen: Nordschau
- 18.45 Köln: Hier und Heute
- 19.00 Südwestbereich: Abendschau
- 19.00 Berlin: Abendschau

WERBEFERNSEHEN
- 19.15 Berlin: Tony
- 19.25 Hamburg: Vater ist der Beste
- 19.25 Köln: Axel und sein Clochard
- 19.30 Südwestbereich: Abenteuer unter Wasser

- 20.00 Aus Hamburg
  Nachrichten und Tagesschau
- 20.15 **Wetterkarte**
- 20.25 Aus Baden-Baden:
  Senkrecht starten und landen
  Aktuelles Problem der Luftfahrt
- 21.00 **Spiel mit Vieren ...**
  mit einer Dame und drei Buben:
  Alice Babs, Svend Asmussen, Paul Kuhn, Ulrike Neumann
- 21.30 **Der Fall Charles Darwin.**
  Zum 100. Geburtstag einer wissenschaftlichen Revolution

Di 10. NOVEMBER

- 17.00 Aus Köln:
  Zehn Minuten mit Adalbert Dickhut
- 17.10 **Basteln mit Wolfgang Kreutter**
- 17.30 **Sankt-Martins-Fahrt**

REGIONALPROGRAMM
- 18.45 München: Abendschau
- 18.45 Hamburg, Bremen: Nordschau
- 18.45 Köln: Hier und Heute
- 19.00 Südwestbereich: Abendschau
- 19.00 Berlin: Abendschau

WERBEFERNSEHEN
- 19.15 Berlin: Tick-Tack-Quiz
- 19.25 Hamburg: Sportler lassen bitten
- 19.25 Köln: Schlager-Bummel
- 19.30 Südwestbereich: Vater ist der Beste

- 20.00 Aus Hamburg
  Nachrichten und Tagesschau
- 20.20 Aus Stuttgart:
  Friedrich Schiller
  Stationen eines Lebens und eines Werkes. Eine Sendung zum 200. Geburtstag des Dichters mit Ausschnitten aus Theater-Inszenierungen
- 21.50 Johann Sebastian Bach:
  Brandenburgisches Konzert Nr. 4
  Es spielt das Stuttgarter Kammerorchester

Mi 11. NOVEMBER

- 17.00 Aus Berlin:
  Schwan, kleb an! Ein Märchen
- 17.20 **Unsere Küche – vorgestern und heute**
  (Für die Frau)

REGIONALPROGRAMM
- 18.45 München: Abendschau
- 18.45 Hamburg, Bremen: Nordschau
- 18.45 Köln: Hier und Heute
- 19.00 Südwestbereich: Abendschau
- 19.00 Berlin: Abendschau

WERBEFERNSEHEN
- 19.15 Berlin: Meine bessere Hälfte
- 19.25 Hamburg: Vorsicht! Männerfalle!
- 19.25 Köln: Vorteil Rückschläger
- 19.30 Südwestbereich: An einem Tag wie heute

- 20.00 Aus Hamburg
  Nachrichten und Tagesschau
- 20.15 **Wetterkarte**
- 20.25 Lebendiges Weltall: **Sterne erzählen ihre Geschichten** Von Professor Haber
  Alte Sternensagen und Märchen lassen darauf schließen, daß in früher Zeit schon genaue astronomische Beobachtungen gemacht wurden. Sie werden vielfach erst wissenschaftlich ausgewertet. In dieser Sendung berichtet Professor Haber von Sternfiguren und ihrem Zusammenhang mit alten Kulturen.
- 20.55 **Wer nicht hören will, muß fernsehen ...** Mit Wolfgang Müller und Wolfgang Neuss
  Eine Schmunzelgeschichte – dafür garantiert das Zweigespann Müller-Neuss, von Kabarett, Film und Bühne für Humor mit Pfiff bekannt! Heute stürmen die beiden das Fernsehstudio (nur im Spiel, selbstverständlich), schlagen Krach, machen Wirbel, wollen ein eigenes Programm servieren. Vor kleinen Seitenhieben wird gewarnt! Die zwei sollen etliche davon parat haben.
- 21.30 Aus München
  Unter uns gesagt. Gespräch über Politik in Deutschland

➡ Betrachte das vorliegende Fernsehprogramm aus dem Jahr 1959. Untersuche die markierten Sendungen genauer. Welche Themen wurden behandelt? Warum waren diese Sendungen damals besonders beliebt?

Eine Untersuchung des Leseverhaltens in den 1950er und 1960er Jahren zeigt große Vorlieben der Leser für klassische Autoren wie Goethe und Schiller. Aktuelle Schriftsteller, die sich mit dem Krieg, seinen Folgen und der Gesellschaft der Bundesrepublik auseinandersetzten, fanden wenig Anklang.

➡ Vergleiche diese Aussagen mit deinen Ergebnissen der vorherigen Aufgabe und begründe diese Auffälligkeit im westdeutschen Kulturleben.

DER „SOZIALISTISCHE REALISMUS" IN DER DDR

In der DDR gab es offizielle politische Vorgaben, die das kulturelle Leben im sozialistischen Staat prägten. Für die Künstler selbst wurde der „Sozialistische Realismus" als einzig anerkannte Kunstrichtung vorgegeben.

„Sozialistischer Realismus":

Die künstlerische Methode des sozialistischen Realismus umfasst die Gesamtheit der weltanschaulich-philosophischen und ästhetischen Darstellung der Prinzipien und Verfahren, die eine künstlerische Darstellung der Wirklichkeit vom Standpunkt der revolutionären Arbeiterklasse ermöglichen. (...) Wesensbestimmende Bestandteile dieser künstlerischen Methode sind die von Lenin entwickelten Grundsätze der sozialistischen Parteilichkeit und Volksverbundenheit. Der sozialistische Realist, der von der Vergangenheit, Gegenwart und Zukunft kündet, stellt nicht nur die Veränderung der Welt durch den Menschen dar, sondern auch die Richtung der Veränderung sowie die zum Ändern erforderlichen Kräfte.
Er gestaltet die Perspektive seiner Helden und ihrer Gesellschaft, indem er die aus seiner marxistisch-leninistischen Weltanschauung gewonnene Lebensauffassung mit großer künstlerischer Überzeugungskraft auf seinen Leser überträgt.
Die künstlerische Wahrheit von Werken des sozialistischen Realismus beruht auf der Einheit von realistischer Gestaltung und parteilicher Wertung.

(Sachwörterbuch für den Literaturunterricht, Klasse 9–12. Volk und Wissen, Volkseigener Verlag, Berlin 1977, S. 143 ff.)

➡ Markiere in dem Text wesentliche Elemente des „Sozialistischen Realismus". Notiere eigene Stichpunkte, die dieses Kunstverständnis treffend wiedergeben.

➡ Vergleiche das Bild mit den offiziellen Vorgaben des „Sozialistischen Realismus". Markiere Bildelemente, die diesem Kunstverständnis entsprechen, und schreibe Stichpunkte neben das Bild.

Willi Neubert, Parteidiskussion, 1962
© VG Bild-Kunst, Bonn 2005

PROPAGANDA DURCH FEINDBILDER (1)

Um der jeweiligen Bevölkerung die Bedrohung durch die gegnerische Supermacht vor Augen zu führen, entstanden einprägsame Bilder, die häufig mit Symbolen und Tiergestalten arbeiteten. Anfang der 1950er Jahre wurde unter US-Senator McCarthy eine landesweite Kampagne gegen den Kommunismus gestartet, der alle zum Opfer fielen, die den Anschein einer Sympathie mit der UdSSR erweckten. So wurden Menschen, darunter z. B. der Schauspieler Charlie Chaplin, gezwungen, die USA zu verlassen. Auch im Ostblock versuchte man, die Furcht vor dem „Klassenfeind" zu schüren.

→ Benenne die markierten Bildelemente und erkläre deren Funktion für die Aussage der sowjetischen Karikatur.

❶ Sonnenbrille, Fliege

❶ _____

❸ _____

1 übersetzt = West   2 übersetzt = Europa

❷ _____

❹ _____

→ Markiere nach obigem Vorbild die Elemente der US-Zeichnung, die Ängste oder Vorbehalte beim Betrachter wecken, und beschreibe auch deren Funktion.

→ Notiere die Gemeinsamkeiten der beiden Zeichnungen.

_____

_____

Geschichte — Das Verhältnis der Supermächte: der Kalte Krieg

PROPAGANDA DURCH FEINDBILDER (2)

Auch die Schulbücher der DDR arbeiteten mit dem gängigen Freund-Feind Schema, um das Land als sozialistischen Staat von der Bundesrepublik abzugrenzen. Diese Beeinflussung fand auch in scheinbar unpolitischen Fächern, wie dem Englischunterricht, statt.

AT THE CUSTOMS

Officer: May I see your passport?
Herr N.: Here you are.
Officer: I see you come from Germany – East Germany.
Herr N.: I come from the German Democratic Republic.
Officer: What's in these suitcases?
Herr N.: Only personal things.
Officer: Have you got any alcoholic drinks with you?
Herr N.: No, I haven't. Here's the complete list of the things that are in my cases.
Officer: The list is incomplete.
Herr N.: Beg your pardon?
Officer: What about this camera? It's not on the list.
Herr N.: Oh yes, it is. Have a look here.
Officer: You're right. I'm sorry. How much English money have you got?
Herr N.: Twenty-five pounds.
Officer: Will you open this suitcase, please? – That's all right. Thank you. – The next, please.

Rainer Neubert corrected the customs officer when he said, „I come from the German Democratic Republic." He wanted the officer to realise that there are two German states. Say why the German Democratic Republic is very different from the West German Federal Republic. Here are some phrases and questions to help you:

The German Democratic Republic:
the really peaceful German state – everything is done to keep the peace – a socialist country – working class the owners of plants and mines – production is planned – workers don't lose their jobs by automation – training for new techniques and jobs instead of unemployment – equal pay for women – excellent training for young people;
Who are the people in the government? – solidarity with the workers in capitalist countries who are fighting for better living conditions – friendly relations with the Soviet Union and other socialist countries – support for the people of Vietnam in their fight against the American aggressors.

The West German Federal Republic:
a capitalist country – Who are the owners of plants and mines? – workers often lose their jobs when plants are automated or closed down – hard life for the people who are out of work – strikes – training for young people not good – not enough schools and teachers;
Who are the people in the government? – fascists demand the frontiers of 1937 – people who are fighting against war and fascism are sent to prison.

(English for you 4. Volk und Wissen, Berlin [Ost] 1970, S. 49 f.)

➡ Markiere mit zwei verschiedenen Farben typische ideologische Phrasen, mit denen die DDR und die Bundesrepublik charakterisiert werden.

➡ Erläutere, welches Bild von der DDR und welches von der BRD transportiert wird.

➡ Bildet Gruppen und entwerft für dieselbe Situation an der Grenze einen entsprechenden Dialog, der in einem westdeutschen Englischbuch hätte abgedruckt werden können. Spielt die Szene eurer Klasse vor.

DER WETTLAUF IM ALL (1)

Eines der ehrgeizigsten Projekte der USA und der UdSSR war der Kampf um die Eroberung des Alls. Ausgelöst wurde die „heiße" Phase des Wettlaufs durch den so genannten „Sputnik-Schock" im Jahr 1957, als ein sowjetischer Erdsatellit in der Umlaufsphäre entdeckt wurde.

Leitartikel der „New York Herald Tribune" vom 6.10.1957:

Das ist eine ernüchternde Nachricht. Das ist in der Tat eine sehr schwerwiegende Nachricht, etwas, was jeden Bürger unserer Nation aus der pfennigfuchsenden, die Dinge leichtnehmenden Stimmung erwecken sollte, in welche die Regierung, der Kongress und das ganze Land verfallen sind. Das ist ein Triumph des Menschen über den Weltraum und eine Errungenschaft für die ganze menschliche Rasse, welche die amerikanischen Wissenschaftler, als sie ihren sowjetischen Besuchern in Washington Adieu sagten, dazu veranlasste, ihre Glückwünsche auszusprechen in einer Mischung aus freudiger Erregung und Bestürzung – freudiger Erregung darüber, dass die Brüderschaft der Wissenschaft in der Welt einen Satelliten gestartet hat, Bestürzung darüber, dass die kommunistische Welt die freie Welt hierbei geschlagen hat. In ihrer Bestürzung anerkannten sie die nüchterne Tatsache als das, was sie ist, – als eine schwere Niederlage für Amerika.

(Zitiert nach: Wolfgang Lautemann/Manfred Schlenke [Hrsg.]: Geschichte in Quellen, Bd. 7: Die Welt seit 1945. München 1980, S. 739)

➔ Beschreibe die Gefühle der amerikanischen Wissenschaftler.

Extrablatt des Organs der SED „Neues Deutschland" vom 12.4.1961:

> **Sowjetmajor J. A. Gagarin**
> **Erster Mensch im Weltraum**
>
> Kommunismus verwirklicht
> kühnste Träume der Menschheit
>
> Raumschiff „Wostok" glücklich gelandet

Schlagzeile aus dem „Neuen Deutschland"

Triumph!

Seit wenigen Stunden ist der größte Triumph der Menschheit erfüllt. Heute Morgen am 12. April des Jahres 1961 ist der erste Mensch in den Weltraum vorgestoßen. Dem zehntausende Jahre alten sehnsuchtsvollen Blick des Erdbewohners zu den Sternen ist nunmehr erstmalig ein kosmischer Höhenflug gefolgt. An die Stelle der erträumten Himmelfahrt ist heute die wirkliche getreten. (…)
Der erste Weltraumfahrer ist Bürger des ersten sozialistischen Staates der Erde. Sein Raumschiff trägt den symbolischen Namen Wostok (Osten). So wunderbar diese gewaltige Tat auch anmutet, dass sie von einem Sowjetbürger vollbracht wurde, ist kein Wunder, sondern Ausdruck der menschheitsbefreienden Schöpferkraft des Sozialismus.
Unsere Hirne und Herzen waren in diesen Stunden beim Genossen Fliegermajor Juri Alexejewitsch Gagarin. Er kehrte nach dem erfolgreichen Start und Flug wohlbehalten zu unserer Erde zurück, um von jenen Gefilden zu künden, die der Kommunismus den Menschen erschlossen hat. In dieser Stunde gehen unsere heißesten Glückwünsche in das Land Lenins. Wir danken den sowjetischen Wissenschaftlern und Arbeitern für diese neue, prächtige und wunderbare Großtat.

(Zitiert nach: Bodo Harenberg [Hrsg.]: Chronik des 20. Jahrhunderts. Dortmund 1988, S. 891)

➔ Welche Bedeutung wird dem Weltraumflug im Ostblock beigemessen?

DER WETTLAUF IM ALL (2)

Höhepunkt und frenetisch gefeierter „Sieg" des Wettlaufs im All stellte die nach einigen Fehlschlägen geglückte Mondlandung der Crew der Apollo 11 dar. Dieses Ereignis wurde jedoch trotz der allgemeinen Aufmerksamkeit kontrovers bewertet.

Auszug aus dem Funksprechverkehr bei Betreten des Mondes am 21.7.1969 3:56 Uhr MEZ:

Armstrong: „Ich stehe auf der untersten Sprosse. Die Schalen der Landebeine sind nur drei bis fünf Zentimeter in den Mondboden eingedrückt. Der Boden erscheint sehr feinkörnig, von nahem gesehen. Der Boden ist fast wie Puder ... Ich trete jetzt vom Mondboot herunter."

Armstrong setzt seinen linken Fuß auf den Mond – 109 Stunden, 24 Minuten und 20 Sekunden nach Verlassen der Erde. Armstrong: „Es ist ein kleiner Schritt für einen Menschen, aber ein Riesenschritt für die ganze Menschheit."

Kommentar aus dem „Spiegel" vom August 1969:

Amerikas Flagge auf dem Mond hat zwar einen neuen Maßstab gesetzt, aber von der Erde aus gesehen ist dies eher ein Nachteil. Denn nun wird bald jede zweite Beschwerde mit den Worten eingeleitet werden: „Auf den Mond fliegen können sie, aber ..." Aber gegen den Schnupfen zum Beispiel gibt es noch immer keine Kur. „Warum", so fragte das freche Großstadtmagazin „New Yorker", „hören wir nicht auf mit diesem Flaggen-Fetischismus; warum haben wir nicht stattdessen einen Gegenstand auf dem Mond angebracht, der für alle akzeptabel ist: ein gebrauchtes weißes Taschentuch vielleicht, Symbol des gemeinen Schnupfens, das uns alle angeht, das uns alle einigt."

➔ Wie wird die Mondlandung jeweils bewertet?

_____

_____

_____

➔ Schreibe aus heutiger Sicht einen Kommentar zur Mondlandung.

_____

_____

_____

_____

_____

_____

_____

➔ Frage deine Eltern oder Großeltern, wie sie die Mondlandung erlebten, und halte die Ergebnisse fest. Du kannst das Interview auch mit dem Kassettenrekorder aufnehmen.

RIVALITÄT IM SPORT (1)

„Was zählt, sind Raketen und Medaillen." Diese Losung gab der US-Politiker Robert Kennedy in den 1960er Jahren für den amerikanischen Sport aus. Wie stark der Sport in die weltpolitische Auseinandersetzung hineingezogen wurde, zeigt die Instrumentalisierung der Olympischen Spiele für die ideologische Auseinandersetzung der Supermächte. Die Olympischen Sommerspiele von Moskau 1980 wurden von den USA und den meisten westlichen Staaten boykottiert. Dagegen blieben fast alle Ostblockstaaten den Sommerspielen 1984 von Los Angeles fern.

➔ Informiere dich über die Gründe der Olympiaboykotte 1980 und 1984 und formuliere daraufhin als Vertreter der US- bzw. UdSSR-Delegation kurze Absagetelegramme.

```
Telegramm des US-Olympiakomitees an das IOC:

Die Vereinigten Staaten von Amerika sehen sich außer Stande an den
Sommerspielen von Moskau teilzunehmen, da ...
```

```
Telegramm der sowjetischen Olympiadelegation an das IOC:

Die Sowjetunion und ihre Bruderländer bedauern, den Sommerspielen
von 1984 fernbleiben zu müssen, da ...
```

➔ Notiere, inwiefern bereits Logo und Maskottchen der Spiele 1980 und 1984 ideologisch geprägt waren.

1980 Mischa der Bär	1984 Sam the eagle

GESCHICHTE

Das Verhältnis der Supermächte: der Kalte Krieg

RIVALITÄT IM SPORT (2)

Der Journalist K. A. Scherer über die Olympischen Spiele in Moskau:

Moskaus Organisatoren ließen sich nicht lumpen. Farben zum Anstreichen von Häusern hatte man aus Ungarn kommen lassen. Küchengeräte für die vielen Kantinen aus Skandinavien. Gutes Papier aus der Bundesrepublik. Die ausländischen Journalisten bekamen Staubzucker überallhin. Die russischen Kinder hatten Moskau in Richtung Ferienlager verlassen. Störfaktoren wie Dissidenten, Obdachlose oder Prostituierte waren entfernt worden. Überall lächelte Mischa, das Olympiabärchen, das Maskottchen der Spiele. (…) Enttäuscht haben mich nur die DDR-Sportler. Sie gewannen nicht genug Medaillen. Warum? Der Ringer Uwe Neupert, einer der ganz Großen seiner Zunft und in Moskau Silbermedaillist, gab mir später die Antwort: „Wir waren übermotiviert und deshalb nicht locker genug." Es regnete oft vor den Spielen. Am Tag der Eröffnung herrschte plötzlich Sonnenschein. Gerüchte geisterten umher, die Sowjets hätten die Wolken über der Stadt künstlich abregnen lassen."

(Karl Adolf Scherer: 100 Jahre Olympische Spiele. Idee, Analyse und Bilanz. Dortmund 1995, S. 379)

➡ Gib in eigenen Worten die Eindrücke des Journalisten von den Spielen in Moskau wieder.

_____

_____

_____

_____

Ein wichtiges Vergleichskriterium für die politischen Blöcke war der Medaillenspiegel, der bei sportlichen Großwettbewerben stets auf der Titelseite jeder Tageszeitung zu finden war.

➡ Markiere die Länder, die zum Ostblock bzw. zum Westblock gehörten. Notiere die interne Rangliste.

Land	G	S	B
1. URS	55	31	46
2. GDR[1]	37	35	30
3. USA	36	31	27
4. KOR	12	10	11
5. FRG[2]	11	14	15
6. HUN	11	6	6
7. BUL	10	12	13
8. ROM	7	11	6
9. FRA	6	4	6
10. ITA	6	4	4

[1] GDR = German Democratic Republic = DDR
[1] FRG = Federal Republic of Germany = BRD

Medaillenspiegel der Olympiade von Seoul 1988

_____

_____

_____

_____

_____

_____

➡ Notiere weitere historische Beispiele aus dem letzten Jahrhundert für den Missbrauch von Sport für die Politik.

_____

_____

DIE KUBA-KRISE (1) – AUSGANGSLAGE

Auf der Karibikinsel Kuba gelang es 1959 einer revolutionären Befreiungsfront, den Diktator Batista zu stürzen. Ihr Führer Fidel Castro errichtete ein sozialistisches Regime, das der verarmten Bevölkerung soziale Gerechtigkeit versprach. Kuba geriet aufgrund seiner geographischen Lage in die Interessensphären der Weltmächte.

→ Betrachte das Foto, das 1960 anlässlich eines Treffens von Fidel Castro und Nikita Chruschtschow aufgenommen wurde: Sammle Adjektive, die das Verhältnis der beiden charakterisieren.

_____
_____
_____
_____
_____

(akg-images/AP)

Die „Invasion in der Schweinebucht":

Im April 1961 scheiterte eine von US-Präsident John F. Kennedy geförderte Invasion von Exilkubanern in der so genannten Schweinebucht zur Entmachtung Fidel Castros.

Halt … Mr. Kennedy – Kuba ist nicht allein

→ Beschreibe die Karikatur rechts aus dem Berliner „Tagesspiegel" vom 18. April und interpretiere dann die Aussage.

_____
_____
_____

→ Erkläre demgegenüber die Aussageabsicht des kubanischen Plakates.

_____
_____

GESCHICHTE
Das Verhältnis der Supermächte: der Kalte Krieg

DIE KUBA-KRISE (2) – VERLAUF

Durch ein US-Aufklärungsflugzeug erfuhr die Weltöffentlichkeit im Oktober 1962 vom Bau einer sowjetischen Raketenbasis auf Kuba. Da sich Amerika von den Raketen unmittelbar bedroht fühlte, forderte Kennedy Chruschtschow ultimativ auf, die Basen abzubauen. Gleichzeitig verhängten die USA eine Seeblockade über Kuba. Zu diesem Zeitpunkt bewegten sich 18 sowjetische Frachter, begleitet von U-Booten, auf die Blocklinie amerikanischer Zerstörer zu.

Reichweite der auf Kuba stationierten sowjetischen Raketen

Reichweite der in der Türkei stationierten US-Raketen

➡ Vergleiche die Reichweite der sowjetischen Raketen auf Kuba mit den stationierten US-Raketen in der Türkei.

➡ Bildet eine amerikanische und eine sowjetische Delegation, die sich zu Verhandlungen treffen, um die Krise zu lösen. Notiert mögliche Vorschläge und tragt sie vor. Fasst eure Verhandlungsergebnisse schriftlich zusammen.

Vorschläge:

Ergebnisse:

DIE KUBA-KRISE (3) – LÖSUNG DES KONFLIKTES

16 von 18 sowjetischen Frachtern kehrten vor der Blocklinie der amerikanischen Zerstörer um. Doch damit war die Krise noch nicht gelöst, da weiterhin sowjetische Raketen auf Kuba stationiert waren. Überraschenderweise schickte Chruschtschow Kennedy im Oktober 1962 über einen geheimen Fernschreiber einen Brief. Es kam zu einem Briefwechsel zwischen den beiden Staatsoberhäuptern.

→ Finde mit Hilfe eines Geschichtslexikons oder dem Internet heraus, um welche Einzelheiten mit welchen Folgen es in dem Briefwechsel ging. Notiere deine Ergebnisse.

_____

_____

_____

_____

Folgendermaßen äußerten sich die beiden Staatoberhäupter über das zukünftige Verhältnis der USA und der UdSSR.

US-Präsident Kennedy 1963:

Wir sollten unsere Haltung gegenüber der Sowjetunion überprüfen. (…) Wir sind in einem gefährlichen Teufelskreis gefangen, in dem Misstrauen auf der einen Seite Misstrauen auf der anderen Seite hervorruft, und neue Waffen Gegengewalt erzeugen.
(…) Besseres Verständnis erfordert bessere Kontakte und Verbindungen. Ein Schritt in diese Richtung ist die vorgesehene Einrichtung eines direkten Drahtes zwischen Moskau und Washington, um gefährliche Verzögerungen, Missverständnisse und Fehlinterpretationen der Aktionen der anderen Seite zu verhindern, die in Krisenzeiten vorkommen können.

Der sowjetische Regierungschef Chruschtschow 1963:

Friedliche Koexistenz kann und soll sich zu einer friedvollen Konkurrenz mit dem Ziel der optimalen Befriedigung der Bedürfnisse der Menschheit entwickeln. (…) Lassen Sie uns gegenseitig die Vorteile des eigenen Systems unter Beweis stellen, nicht mit Fäusten und nicht mit Krieg, sondern durch friedliche ökonomische Konkurrenz (…).

(Zitiert nach: Herbert von Borch [Hrsg.]: Die großen Krisen der Nachkriegszeit. München 1984, S. 106 f.)

→ Erarbeite die wesentlichen Vorschläge der beiden Regierungschefs für das künftige Verhältnis der Supermächte und formuliere deren Kernaussagen.

Kennedy	Chruschtschow

Geschichte — Das Verhältnis der Supermächte: der Kalte Krieg

DER KALTE KRIEG IM SPIELFILM

➡ Welche historischen Ereignisse des Kalten Krieges werden in den folgenden Filmen thematisiert? Stelle mit Hilfe von kurzen Inhaltsangaben die Handlung und den historischen Bezug der Filme dar. Nutze dazu z. B. ein Filmlexikon oder das Internet.

Billy Wilder: Eins, zwei, drei

Albert R. Broccoli: Liebesgrüße aus Moskau, James Bond 007

Roger Donaldson: Thirteen Days

➡ Schaut euch in Arbeitsgruppen je einen der Filme an und verfasst aus historischer Sicht eine Filmkritik für die Schülerzeitung.

GRUNDLEGENDE INFORMATIONEN – AUFGABENSTELLUNG UND STATIONEN

Die Franzosen hielten Indochina seit Ende des 19. Jahrhunderts in Kolonialbesitz. Im Zweiten Weltkrieg wurden sie von den Japanern vertrieben, die das Land mit Kriegsende verließen. Das Ziel der Franzosen wurde von General Jean Leclerc definiert, der am 30. September 1945 ganz unumwunden erklärte: „Ich bin nicht nach Indochina zurückgekommen, um Indochina den Indochinesen wiederzugeben." Diese Rekolonialisierungspolitik stand im Widerspruch zum französisch-vietnamesischen Abkommen vom 6. März 1946, das der 1945 von Ho Chi Minh, dem Führer der 1941 gegründeten Befreiungsbewegung Vietminh, ausgerufenen Demokratischen Republik Vietnam (DRV) den Status eines freien Staates zugestand. Das französische Expeditionscorps konnte den Angriffen der von der kommunistischen Volksrepublik China unterstützten Einheiten des Vietminh trotz Hilfeleistungen durch die Amerikaner nicht standhalten. Am 7. Mai 1954 kapitulierten die bei Dien Bien Phu eingeschlossenen französischen Truppen.

In dem auf der Indochina-Konferenz am 21. Juli 1954 vereinbarten Waffenstillstandsabkommen wurde als vorläufige Grenze der 17. Breitengrad festgelegt, hinter den sich nach Norden der Vietminh, nach Süden die französischen Truppen zurückziehen sollten. Die für 1956 vereinbarten freien Wahlen für Indochina unterblieben jedoch. Mit dem Ende der ersten, „französischen" Phase des Vietnamkrieges (auch: Indochinakrieg), wurde zwar der endgültige Rückzug Frankreichs aus diesem Raum erreicht, aber nur ein vorübergehender Friede in Südostasien.

An jeder Station liegen die benötigten Arbeitsblätter und Materialien aus. Bei einigen Stationen sind es zwei Blätter. Bei Station 2 braucht ihr zusätzlich einen Schulatlas. Station 4 sollte mit Hilfe einer Videoeinheit in einem separaten Raum, bzw. mit Hilfe von Kopfhörern bearbeitet werden, um die Mitschüler an den anderen Stationen nicht zu stören. Für die Internetrecherche bei den Stationen 7 und 8 ist die Arbeit im Computerraum (im Idealfall vernetzter PC im Klassenzimmer) nötig. Wenn ihr eine Station bearbeitet habt, hakt sie auf diesem Blatt ab und beginnt mit einer neuen Station.

Lernzirkel: Der Vietnamkrieg als Stellvertreterkrieg

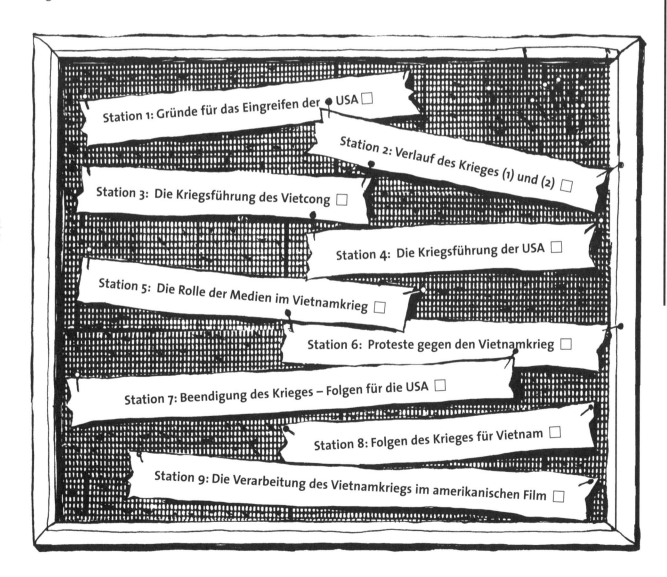

Station 1: Gründe für das Eingreifen der USA ☐
Station 2: Verlauf des Krieges (1) und (2) ☐
Station 3: Die Kriegsführung des Vietcong ☐
Station 4: Die Kriegsführung der USA ☐
Station 5: Die Rolle der Medien im Vietnamkrieg ☐
Station 6: Proteste gegen den Vietnamkrieg ☐
Station 7: Beendigung des Krieges – Folgen für die USA ☐
Station 8: Folgen des Krieges für Vietnam ☐
Station 9: Die Verarbeitung des Vietnamkriegs im amerikanischen Film ☐

GRÜNDE FÜR DAS EINGREIFEN DER USA

Das Ende der französischen Kolonialherrschaft brachte Laos und Kambodscha die Unabhängigkeit. Vietnam blieb zunächst entlang des 17. Breitengrades geteilt, weil sich die kommunistische Regierung unter Führung von Ho Chi Minh im Norden und ein von den USA gestütztes antikommunistisches Militärregime im Süden gegenüberstanden. Aus Furcht vor einem Sieg Ho Chi Minhs torpedierte das Militärregime in Saigon die vorgesehenen Wahlen für ganz Vietnam.

Aus einer Presseerklärung Präsident Eisenhowers im Jahr 1954:

Zum Ersten geht es um den spezifischen Wert eines geographischen Raumes im Hinblick auf die Produktion von Rohstoffen, die die Welt braucht. Dann besteht die Möglichkeit, dass viele Menschen unter eine Diktatur geraten, die der freien Welt feindlich gegenübersteht. Schließlich gibt es allgemeinere Erwägungen, die sich ableiten aus dem Prinzip, das man als „Dominotheorie" bezeichnen kann. Es steht da eine Reihe von Dominosteinen. Sie stoßen den ersten um und was mit dem letzten geschieht, ist die Gewissheit, dass es sehr schnell gehen wird. So könnte der Anfang eines Zerfalls mit außerordentlich weitreichenden Folgen aussehen.

Wenn wir zu dem möglichen Ablauf der Ereignisse kommen, dem Verlust von Indochina, Burma, Thailand, Indonesien – hier geht es um Millionen und Millionen von Menschen –, so sind die möglichen Konsequenzen für die freie Welt gar nicht auszudenken.

(Zitiert nach: Ernst-Otto Czempiel/Carl-Christoph Schweitzer: Weltpolitik der USA nach 1945. Bonn 1989, S. 154)

Amerikanische Karikatur aus dem Jahr 1975

→ Erkläre die „Domino-Theorie" in eigenen Worten.

_____
_____
_____
_____
_____
_____
_____

→ Bildet zwei Gruppen und erarbeitet Argumente von Befürwortern und Gegnern eines Eingreifens der USA in Südostasien. Bereitet eine Podiumsdiskussion zu dieser Streitfrage vor, die ihr am Ende des Lernzirkels eurer Klasse vorstellt.

Argumente der Befürworter: _____
_____

Argumente der Gegner: _____
_____

VERLAUF DES KRIEGES (1)

➡ Schneide die Stationen des Krieges aus und klebe sie auf eine Zeitleiste, die du nach dem Muster unten auf ein gesondertes Blatt zeichnest.

GESCHICHTE

Lernzirkel: Der Vietnamkrieg als Stellvertreterkrieg 2

✂

Gründung der Vietminh (1941)

Ausrufung der Demokratischen Republik Vietnam durch Ho Chi Minh (1945)

Rückgabe an französische Kolonialbehörden (1946)

Erster Indochina-Krieg (1946–1954)

Kapitulation von Dien Bien Phu (1954)

Genfer Konferenz (1954): Teilung Vietnams; Garantie der souveränen Staaten Laos, Kambodscha, Vietnam

Ngo Dinh Diem Ministerpräsident von Südvietnam (1955–1963)

Wirtschaftsreformpolitik („Doi Moi") 1986

Rückzug aus Kambodscha (1989)

Tet-Offensive gegen Südvietnam (1968)

Pariser Vietnamgespräche (ab 1969)

Nordvietnamesische Großoffensive (1972)

Waffenstillstand, Pariser Vietnam-Konferenz (1973)

Bedingungslose Kapitulation des Südens (1975), Wiedervereinigung in der Sozialistischen Republik Vietnam (1976)

Mietglied des COMECON (1978)

Besetzung Kambodschas, gefolgt von chinesischer „Strafaktion" in Nordvietnam (1979)

Massenflucht von Chinesen u. a. „Boat People" ab 1976

Aufhebung des US-Emborgos (1993), Aufnahme diplomatischer Beziehungen mit den USA (1995)

Staatsbesuch von US-Präsident Clinton (2000)

Vietcong-Guerilla löst 2. Indochina-Krieg aus (1957)

Militärputsch in Südvietnam (1963)

Seegefecht im Golf von Tonking (1964), US-Intervention führt zur Eskalation des Krieges

VERLAUF DES KRIEGES (2)

→ Übertrage aus einer passenden Karte deines Schulatlasses mit unterschiedlichen Farben folgende Informationen in die Umrisskarte Vietnams:

- Wichtige Kriegsschauplätze: Dien Bien Phu, Golf von Tonking
- Teilungsgrenze zwischen Nord- und Südvietnam am 17. Breitengrad
- Verlauf des Ho-Chi-Minh-Pfads
- Amerikanische Marine- und Luftwaffenstützpunkte
- Von US-Bombardements besonders betroffene Gebiete
- Von kommunistischen Kräften kontrollierte Gebiete
- Von Südvietnamesen und Amerikanern kontrollierte Gebiete

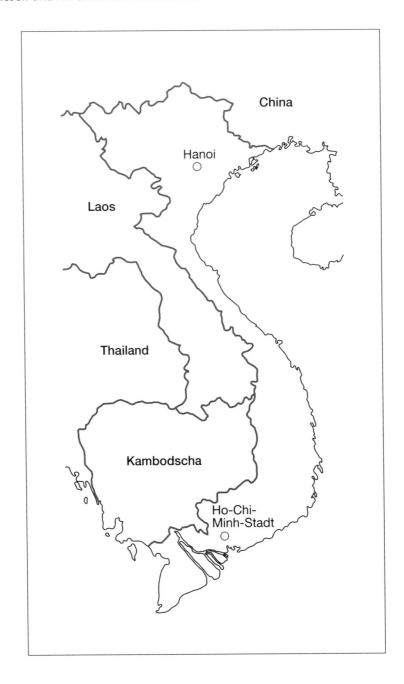

DIE KRIEGSFÜHRUNG DES VIETCONG

Neben der offiziellen Armee des kommunistischen Nordvietnams, dem „Vietminh", war der Hauptfeind der Amerikaner bei den Kämpfen in Südvietnam der so genannte „Vietcong", mit den Nordvietnamesen sympathisierende Untergrundkämpfer.

Über die Soldaten des Vietcong:

Der normale Vietcong kam vom Land. Er stand der südvietnamesischen Regierung aus Grundbesitzern, Polizisten und Steuereintreibern instinktiv feindlich gegenüber. Das galt natürlich auch für ihre amerikanischen Helfershelfer. Viele hatten persönlichen Grund zur Klage – einen von der Polizei eingesperrten Freund oder eine durch Entlaubungsmittel zerstörte Ernte. In den von den Vietcong beherrschten Dörfern wurde es als Pflicht angesehen, sich freiwillig zu melden. Viele wurden von den vorbeiziehenden VC-Truppen [Vietcong] oft unter Todesdrohung verpflichtet. (…) Jeder neue Rekrut kam in eine Dreiergemeinschaft, die mindestens einen schon länger Dienenden einschloss. Diese drei waren enge Kameraden. (…) Robert McNamara beschrieb einmal die vietnamesischen Landbewohner als Leute, denen Entbehrungen und Tod nicht fremd sind. Sie kamen nicht mit großen Hoffnungen auf Komfort und auf ein leichtes Leben in diesen Krieg, sondern standen in der Tradition tagelanger Knochenarbeit für eine Handvoll Reis und wenig Freuden. Die Vertrautheit mit dem möglichen Tod war Teil ihrer Ausrüstung – wie Helm und Gewehr. Konnte ein amerikanischer Soldat fernsehen und eisgekühltes Bier trinken, so baute sein vietnamesischer Feind Gemüse an, wenn man ihm auch nur das kleinste Fleckchen gab. Er hielt einige Schweine und Hühner und spielte Volleyball oder Tischtennis, wann immer ihn die endlose Ausbildung und Vorbereitung auf den Kampf Zeit ließen. (…)

(Aus der Zeitschrift NAM, 1972; zitiert nach: Praxis Geschichte 6/1992, S. 45)

▶ Unterstreiche die Textstellen, in denen die Vietcong beschrieben werden.

▶ Schreibe spontan Adjektive auf, die einen typischen Vietcong charakterisieren.

▶ Führe die Mindmap zum Thema „Kriegsführung des Vietcong" fort.

DIE KRIEGSFÜHRUNG DER USA

Als die Franzosen gegen die Vietnamesen kämpften, mussten sie sich durch den Dschungel quälen, der amerikanische Kampfstil setzte dagegen auf die Schaffung von „Freien Feuerzonen" aus der Luft unter Einsatz des Entlaubungsmittels Agent Orange und des hoch brennbaren Geleebenzins Napalm. Der deutsche Journalist Peter Scholl-Latour hielt sich als Kriegsberichterstatter in Vietnam auf. In seinem Buch „Der Tod im Reisfeld" verarbeitet er seine Erlebnisse, so auch die Teilnahme an einem US-Hubschraubereinsatz.

In der Nähe eines Dorfes hatten eingeborene Kundschafter einen Stützpunkt des Vietcong ausgemacht. Auf der Grasnarbe des Flugplatzes von Kontum, der noch nicht einmal größer war als ein Fußballfeld, wartete ein Dutzend Hubschrauber. Vietnamesische Soldaten mit M16 Schnellfeuergewehren bewaffnet, schwere amerikanische Helme auf dem Kopf, die für die kleinen Kerle viel zu groß waren, kletterten in die Helikopter. Die meisten trugen kugelsichere Westen, denn etwas mehr oder weniger Gepäck spielte für diese zähen Asiaten keine Rolle. Die Piloten waren durchweg Amerikaner. Im Tiefflug knatterten wir über den Dschungel und scheuchten auf halber Strecke eine Elefantenherde auf. (...) Plötzlich formierten sich die Hubschrauber wie ein Hornissenschwarm. Drei Chopper schossen steil auf eine kaum erkennbare Bodenerhebung zu und feuerten  *Raketen ab, die mit dunklem Qualm explodierten. Wir schwebten wie im Stand nur noch einen Meter über dem Boden. Mit den vietnamesischen Soldaten gelangten wir ins Freie und gingen am Rand der Lichtung in Deckung. Der Feuerzauber war schon vorbei. Der Angriff war als totale Überraschung gekommen. Soweit die Gegner nicht eiligst geflohen waren, lagen sie als halbverkohlte Leichen neben dem Bambusverhau.*

(Peter Scholl-Latour: Der Tod im Reisfeld. München 1987, S. 101 © 1980 Deutsche Verlags-Anstalt GmbH, Stuttgart)

➔ Vergleicht diese Schilderung mit der berühmten Anfangsszene aus dem Spielfilm „Apokalypse now", in der ein Helikopterangriff auf ein Dorf dargestellt ist (ca. 14 min). Tragt eure Ergebnisse in die Tabelle ein.

	Textquelle	Spielfilmausschnitt
Beteiligte		
Darstellung des Einsatzes		
Darstellung der US-Soldaten		

DIE ROLLE DER MEDIEN IM VIETNAMKRIEG

Während des Vietnamkriegs wurden einige spektakuläre Fotos im Auftrag von Nachrichtenagenturen aufgenommen (z. B. „Associated Press"), die dann in zahlreichen Zeitungen abgedruckt wurden und um die Welt gingen. Sie lösten sehr unterschiedliche Reaktionen aus, wie zum Beispiel das folgende Foto und die dazu gehörige Meldung veranschaulichen.

> Dienstag, 16. Juli 1998
> **General, der 1968 Exekution in Vietnam vornahm, verstorben**
>
> *Nguyen Ngoc Loan, dessen Exekution eines Vietcong-Gefangenen in Saigon eines der aufrüttelndsten Bilder des Vietnamkrieges wurde, ist im Alter von 67 Jahren gestorben. Eddie Adams, dessen Foto den Pulitzer-Preis für die „Associated Press" gewann, sagte, der Mann, den Loan erschoss, sei bei der Ermordung anderer Menschen beobachtet worden, und Loan habe gerechtfertigt gehandelt.*
>
>
>
> **Springfield, VA (AP)** – Nguyen Ngoc Loang, dessen Exekution eines Vietcong-Gefangenen auf einer Straße in Saigon 1968 eines der ernüchterndsten Bilder des Vietnamkrieges wurde, starb am Dienstag mit 67 Jahren. Der ehemalige südvietnamesische General verstarb in Burke, Washington, an Krebs. Er verließ Vietnam 1975, (…) und kam nach Virginia, wo er ein Restaurant eröffnete.
> Am 1. Februar 1968 war Loan Direktor der südvietnamesischen Polizei. Die Nordvietnamesen hatten gerade die Tet-Offensive begonnen, ihren größten militärischen Vorstoß nach Süden. Feuergefechte brachen in ganz Saigon aus und Loans Polizei versuchte, die südvietnamesische Hauptstadt von Vietcong zu befreien. Loan führte den Gefangenen mit gebundenen Händen gegenüber einer Gruppe von Journalisten auf die Straße und schoss ihm geradewegs in den Kopf.
> Der General erzählte den Reportern, der Gefangene sei als Vietcong-Anführer bekannt gewesen. (…)

(Zitiert nach: www.treefort.org/-cbdoten/rvtanks/080-4450.htm; Foto: akg-images/AP)

➜ Beschreibe das Foto. Welchen Eindruck macht es auf dich?

_____

_____

Der Tod von N. N. Loan löste eine Welle von Reaktionen aus. Einerseits bezeichnete der Fotograf Eddie Adams den ehemaligen Polizeichef als Helden. Der Tagesspiegel meldete andererseits „Der Henker aus Saigon ist tot", die Süddeutsche Zeitung „Der Mörder ist tot".

➜ Versuche diese unterschiedlichen Standpunkte zu erklären.

_____

_____

➜ Schätze ausgehend von aktuellen Kriegsberichterstattungen die Rolle der Medien für Kriege von heute ein.

_____

_____

PROTESTE GEGEN DEN VIETNAMKRIEG

Nicht nur in den USA, auch in Europa regten sich vielfältige Proteste gegen den Vietnamkrieg. Besonders hitzig wurde die Debatte im Jahr 1968 geführt. In Paris, London und Berlin demonstrierten Studenten und skandierten: „Ho-Ho-Ho-Chi-Minh, Ho-Ho-Ho-Chi-Minh!"

Vietnam: Der große Katalysator:

Katalysatoren sind Stoffe, die in chemischen Prozessen für Verlangsamung oder Beschleunigung sorgen. Die vietnamesische Revolution zersetzte in den kapitalistischen Metropolen alle überkommenen Politik- und Moralverständnisse, streute Dynamit in überlieferte Generationenkonflikte, sprengte Reste von Staatsloyalität auf, zwang Zehntausende zur Suche nach einer neuen und persönlichen Identität, lieferte das gesamte Arsenal der Legitimationsideologien des „freien Westens" dem historischen Mülleimer aus. (…) Die Domino-Theorie der US-amerikanischen Konterrevolution („wenn Vietnam fällt, dann fällt der gesamte Ferne Osten") wurde Wirklichkeit in dem Bewusstsein der Jugend in den Metropolen: Mit dem Glauben an die Befreiungsaktion des US-Napalmkrieges stürzten bei einer ganzen Generation die moralischen, politischen und kulturellen Sozialisations- und Integrationsstrategien des „freien Westens" wie ein Kartenhaus zusammen.

(Zitiert nach: Eckhard Siepmann [Hrsg.]: CheSchahShit. Die sechziger Jahre. Zwischen Cocktail und Molotow. Berlin 1984, S. 125)

→ Schlage mit Hilfe eines Fremdwörterlexikons folgende Begriffe nach und erkläre ihre Bedeutung im Text:

Generationenkonflikte: _____

Staatsloyalität: _____

Legitimationsideologie: _____

Sozialisationsstrategie: _____

Integrationsstrategie: _____

→ Gib mit eigenen Worten wieder, warum der Vietnamkrieg mit einem Katalysator verglichen wird.

BEENDIGUNG DES KRIEGES – FOLGEN FÜR DIE USA

Die Unterzeichnung des Waffenstillstandsabkommens im Jahre 1973 und der überstürzte Abzug der US-Truppen nach der Besetzung Saigons durch Truppen der provisorischen Revolutionsregierung hinterließ tiefe Spuren im Selbstverständnis der scheinbar unbesiegbaren Supermacht USA. Aber nicht nur mit diesem Prestigeverlust hatten die USA zu kämpfen, die Folgen reichen bis heute tief in die Gesellschaft hinein.

Die Zeit, „Zur Geschichte des Heroins", 1991:

Die amerikanischen Teenager, die sich unversehens in den Dschungeln Südostasiens wiederfanden, hatten aus nachvollziehbaren Gründen ein großes Bedürfnis, der grausamen Realität eines sinnlosen Krieges zu entfliehen. Rund zwei Drittel von ihnen rauchten Marihuana. Nach Schätzungen des [amerikanischen] Verteidigungsministeriums aus dem Jahr 1973 hatten 35 % der in Vietnam stationierten GIs dort Heroin probiert, mindestens ein Fünftel der Truppe war von den weißen betäubenden Kristallen abhängig. Edward Kennedy äußerte die Befürchtung: „Wir kämpfen an zwei Fronten, gegen den Kommunismus und gegen Heroin. Wir sind in Gefahr, beide Kriege zu verlieren." Noch bevor die letzten Amerikaner aus Vietnam abzogen, folgten die Heroinhändler ihren Kunden. In Blechsärgen gefallener Soldaten aus New York fanden Polizisten mehr als 300 Kilo Heroin.

(Zitiert nach: Praxis Geschichte 6/1992, S. 46)

→ Beschreibe mit Hilfe der Quelle, warum Vietnam ein „Trauma" für die beteiligten Soldaten darstellte.

_____

_____

_____

_____

→ Während des Afghanistan-Einsatzes der US-Streitkräfte im Winter 2001/2002 meldete das US-Pentagon „Wir wollen kein zweites Vietnam" – Begründe, was damit gemeint war.

_____

_____

_____

_____

→ Versucht mit Hilfe der folgenden Adresse (www.spartacus.schoolnet.co.uk/vietnam.html) einen E-Mail-Kontakt zu einem ehemaligen Vietnam-Veteranen herzustellen. Überlegt euch – auf Englisch – Fragen, die ihr ihm gern stellen würdet.

_____

_____

_____

FOLGEN DES KRIEGES FÜR VIETNAM

Die nüchterne Bilanz des Vietnamkriegs lautete: 900 000 gefallene Nordvietnamesen, 185 000 gefallene Südvietnamesen, 50 000 gefallene Amerikaner, ca. 2 Millionen getötete Zivilisten. Die Kriegsschäden durch Bombardierung/Entlaubung usw. betragen geschätzt ca. 200 Milliarden Dollar. Vietnam versucht seit der Vereinigung des Nord- und Südteiles als Sozialistische Republik Vietnam im April 1976 eine eigene Identität aufzubauen. Nach dem Zusammenbruch des Kommunismus werden zaghafte Schritte in Richtung Westen getan.

➡ Informiere dich mit Hilfe der nachfolgenden Internet-Adressen über Vietnam und notiere deine Ergebnisse: www.netnam.vn/ded/, www. germanembhanoi.org.vn, www.projekthilfe-vietnam.de, www.vietnamembassy-usa.org

Politisches System: _____

Wesentliche Wirtschaftszweige: _____

Entwicklungsprojekte: _____

Verhältnis zu den USA: _____

➡ Es wird gerade in den letzten Jahren versucht, Vietnam als Ferienziel attraktiv für den Tourismus zu machen. Suche in den Asien-Katalogen eines gängigen Reiseveranstalters (z. B. TUI, Neckermann, Meiers …), welche Vietnam-Rundreisen angeboten werden. Notiere deine Ergebnisse.

Werbung für Vietnam als: _____

Reiseziele: _____

Bezug zu Schauplätzen des Vietnam-Kriegs: _____

DIE VERARBEITUNG DES VIETNAMKRIEGS IM AMERIKANISCHEN FILM

Recherchiere das jeweilige Entstehungsjahr folgender Vietnam-Filme. Notiere mit Hilfe von kurzen Inhaltsangaben und Kritiken die spezifische Darstellung des Kriegs (Perspektive der Hauptfiguren, Rolle Amerikas, Darstellung des Vietcong …) in den jeweiligen Filmen. Nutze dazu das Internet (z. B. www.metacritic.com bzw. www.Kinokino.de) oder ein Filmlexikon.

Titel: Apokalypse now

Entstehungsjahr: _____

Inhaltl. Schwerpunkt: _____
_____

Darstellung des Kriegs: _____
_____
_____

Titel: Rambo – First Blood

Entstehungsjahr: _____

Inhaltl. Schwerpunkt: _____
_____

Darstellung des Kriegs: _____
_____
_____

Titel: Geboren am 4. Juli

Entstehungsjahr: _____

Inhaltl. Schwerpunkt: _____
_____

Darstellung des Kriegs: _____
_____
_____

→ Benenne die Unterschiede hinsichtlich der Schwerpunktsetzung/Themenwahl des jeweiligen Plots. Welcher Bezug kann zur weltpolitischen Situation der USA im Entstehungsjahr hergestellt werden?
_____
_____

PAROLEN DER STUDENTENBEWEGUNG (1)

Die Protestbewegung der Studenten war eine Bewegung der Parolen. Sie artikulierten sich vor allem während der Demonstrationen mit Plakaten oder Sprechchören.

▶ Die Sprüche aus der Zeit der Studentenbewegung sind durcheinandergeraten. Schneide die Einzelteile aus und setze sie auf einem DIN-A3-Blatt wieder sinnvoll zusammen.

„High sein, frei sein

Muff von 1000 Jahren."

was euch kaputtmacht."

„Gegen Aktionäre

„Keine Mark und keinen Mann

not War"

musst den Notstand du probieren."

„Unter den Talaren,

„Bürger lasst das Gaffen sein,

ein bisschen Terror muss dabei sein."

gehört schon zum Establishment."

„Macht kaputt,

Eierhandgranaten."

„Oma, lüfte deinen Arsch

für den Krieg in Vietnam."

„Wer zweimal mit derselben pennt,

„Make Love

kommt herunter, reiht euch ein!"

reih dich ein in unsern Marsch!"

„Willst du Krieg im Frieden führen,

„Schmeißt auf Bürokraten

helfen nur Gewehre."

PAROLEN DER STUDENTENBEWEGUNG (2)

GESCHICHTE — Gesellschaft im Aufbruch

→ Fasse den Inhalt der Parolen nach dem Zusammensetzen in eigenen Worten zusammen.

___

→ Beschreibe das Schema, nach dem diese Parolen aufgebaut sind.

___

→ Erprobt die Wirkung der Parolen, indem ihr in der Klasse zwei Gruppen bildet und euch die Parolen wechselweise laut zuruft.

→ Diskutiert, welche Parolen auch heute noch für euch aktuell sind. Notiere die Ergebnisse auf dem Arbeitsblatt.

___

→ Gestaltet in Gruppen Plakate mit Parolen, die die Anliegen der heutigen Jugend zum Ausdruck bringen. Hängt diese neben den Blättern mit den Sprüchen aus den 1960er Jahren auf und vergleicht sie miteinander. Notiere die Ergebnisse.

___

© Cornelsen Verlag Scriptor, Berlin • Cornelsen Copy Center • Deutschland und die geteilte Welt nach 1945 • Geschichte 10

SCHULE UND ERZIEHUNG 1968

Nach dem meist strengen, autoritären Erziehungsstil der Nachkriegszeit erfuhr die Pädagogik in den 1960er Jahren viele reformerische Impulse hin zu einer völlig neuen Liberalität. So entstanden beispielsweise Kinderläden, in denen Kinder frei von jeglichen erzieherischen Zwängen aufwuchsen.

→ Erkläre die nummerierten Elemente der Zeichnung im Hinblick auf die Erscheinungsformen der 1968er-Bewegung.

❶ _____
❷ _____
❸ _____
❹ _____
❺ _____

→ Beschreibe in eigenen Worten die Wirkung der Karikatur aus dem Jahr 1974.

DEUTSCHUNTERRICHT
„So, wir beginnen jetzt mit dem Wort, mit dem auch die maximal Unterprivilegierten unter euch heutzutage keinerlei Kommunikationsschwierigkeiten haben werden."

(Zeichnung: Hanns Erich Köhler 1974; aus: Horst Pötzsch: Deutsche Geschichte nach 1945. Landsberg 1997, S. 135)

→ Entwirf auf einem Blatt die Karikatur einer heutigen Unterrichtsstunde.

POLITIK UND EMANZIPATION – AUFBRUCH DER FRAUEN (1)

Während des CDU-Parteitages am 7. November 1968 in Berlin kam es zu einem unerhörten Vorfall, als die damals 27-jährige Beate Klarsfeld unbemerkt zum Vorstandstisch vordrang und Bundeskanzler Kiesinger ohrfeigte.

Im Jahr 1997 erinnert sie sich an ihre Tat:

Wenn ich an die Ohrfeige denke, die ich Kanzler Kiesinger gegeben habe, fällt mir als erstes ein, wie erleichtert ich darüber war, dass ich es endlich geschafft hatte.

Fast zwei Jahre lang hatten mein Mann und ich zuvor versucht, die Öffentlichkeit gegen diesen Kanzler zu mobilisieren, der 1933 Mitglied der NSDAP geworden und Leiter der Rundfunkpolitischen Abteilung des Auswärtigen Amtes gewesen war. Unfassbar, dass die Deutschen dem Widerstandskämpfer Willy Brandt einen alten Nazi vorgezogen hatten – und dass sich kaum jemand darüber aufgeregt hatte.

Vielleicht hätte ich auch das hingenommen, wenn ich 1960 nicht als Au-pair Mädchen von Berlin nach Paris gegangen wäre, wo ich meinen jüdischen Mann kennen lernte, dessen Vater in Auschwitz ermordet worden war. Dadurch bekam ich mit 21 endlich den Geschichtsunterricht, den es im Nachkriegsdeutschland nicht gab. Zunächst machte ich brav, was man halt so macht – Politiker treffen, eine Dokumentation mit Archivmaterial zusammenstellen, Artikel für die französische Zeitschrift „Combat" verfassen. Abgesehen davon, dass ich deswegen als Sekretärin beim Deutsch-Französischen Jugendwerk gefeuert wurde, fand das alles wenig Echo. (…)

Irgendwann wurde meinem Mann und mir klar, dass man nur mit einem kleinen Skandal auf den großen Skandal aufmerksam machen konnte. Im April ging ich in den Bundestag und rief, als Kiesinger sprach, von der Tribüne: „Nazi, abtreten!" Worauf man mich sofort festnahm. Aber immerhin erschienen endlich ein paar Artikel über die Vergangenheit des Kanzlers.

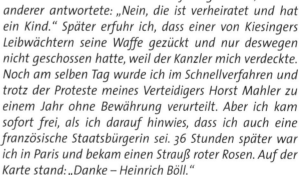

Und dann, bei einer Veranstaltung mit Günter Grass, versprach ich, ihn zu ohrfeigen. Alle lachten, und Grass schrieb mich als Verrückte ab. Mir aber gefiel die Symbolik einer Ohrfeige: Die deutsche Jugend ohrfeigt die Nazi-Generation und stellt das Verhältnis zur Obrigkeit auf den Kopf. Am 3. November fuhr ich nach Berlin, wo die CDU ihren Parteitag abhielt. (…) Ich gab mich als Journalistin aus und war endlich in der Kongresshalle, allerdings weit weg von Kiesinger. Der saß, gut bewacht, hinter einem Tische, inmitten von Parteigrößen. Ich sagte zu einem der Wärter, dass eine Kollegin auf mich wartete und ich dringend hinter diesem Tisch vorbeigehen müsse. Und so stand ich plötzlich hinter dem Kanzler und schrie, so laut ich konnte: „Kiesinger, Nazi." Er drehte sich um. Dann habe ich ihm eine gelangt. Ich weiß noch, dass jemand sagte: „Sie ist eine sexuell unbefriedigte Frau", und ein anderer antwortete: „Nein, die ist verheiratet und hat ein Kind." Später erfuhr ich, dass einer von Kiesingers Leibwächtern seine Waffe gezückt und nur deswegen nicht geschossen hatte, weil der Kanzler mich verdeckte. Noch am selben Tag wurde ich im Schnellverfahren und trotz der Proteste meines Verteidigers Horst Mahler zu einem Jahr ohne Bewährung verurteilt. Aber ich kam sofort frei, als ich darauf hinwies, dass ich auch eine französische Staatsbürgerin sei. 36 Stunden später war ich in Paris und bekam einen Strauß roter Rosen. Auf der Karte stand: „Danke – Heinrich Böll."

(Beate Klarsfeld: Dann habe ich ihm eine gelangt. In: 50 Jahre Stern-Beilage zum Stern No. 21, 1997, S. 3; Foto: akg-images/AP)

→ Notiere die Gründe, die Beate Klarsfeld für ihre Tat anführt.

→ Der Schriftsteller Heinrich Böll bedankte sich bei Beate Klarsfeld. Wie beurteilst du ihre Tat?

POLITIK UND EMANZIPATION – AUFBRUCH DER FRAUEN (2)

Die Frauenrechtlerin Alice Schwarzer initiierte 1971 die STERN-Titelgeschichte „Wir haben abgetrieben". Darin bekannten sich 374 Frauen unter Nennung ihres Namens, ihres Berufs, ihres Wohnortes und ihres Alters, gegen den Paragraphen 218 verstoßen zu haben. Unter ihnen deutsche Weltstars wie Romy Schneider und Senta Berger.

> **Wir haben abgetrieben**
>
> 374 deutsche Frauen
> halten den § 218
> für überholt und erklären öffentlich:
>
> „Wir haben gegen ihn verstoßen"

Schlagzeile auf dem Umschlag des STERN

Alice Schwarzer im Rückblick:

Bei der Aktion benutzte der STERN uns, und wir benutzen den STERN. Er hatte die Auflage und wir hatten das Aufsehen. (…) Wir Frauen hatten hoch gepokert, ich hatte mich weit vorgewagt. Mit Erfolg. Der besagte STERN erschien am 6. Juni 1971 und titelte mit dem unerhörten Selbstbekenntnis der Frauen: Ich habe abgetrieben. Die Aktion führte zu einer wahren Explosion, die nicht nur den § 218 erschütterte, sondern darüber hinaus Auslöser der neuen Frauenbewegung in der Bundesrepublik wurde. Die Kraft der Aktion lag auch in ihrem auflagenstarken Forum, vor allem aber in ihrer Form, in ihrem Inhalt. Da wurde nicht länger um eine Gesetzesänderung gebeten, da wurde gefordert. Frauen schämten sich nicht mehr, sie verlangten Recht statt Gnade!
So war der Frauenkampf gegen den § 218 von Anfang an unendlich viel mehr als nur ein Ringen um eine Gesetzesänderung. Er war die Auflehnung gegen den Zwang zur Mütterlichkeit und damit Rebellion gegen die uns Frauen aufgezwungene Rolle überhaupt.

(Alice Schwarzer: Mit Leidenschaft. Reinbek bei Hamburg 1986, S. 20)

➡ Wie begründet Alice Schwarzer ihre Kampagne? Notiere die Argumente, die sie aus ihrer Sicht notwendig machten.

➡ Warum erforderte es von den Frauen viel Mut, an die Öffentlichkeit zu gehen?

➡ Gestaltet eine Wandzeitung zum Thema „Schwangerschaftsabbruch heute". Recherchiert Aspekte wie rechtliche Grundlagen, Beratungspraxis, ethische Positionen usw.

DIE NOTSTANDSGESETZE (1)

Mitte des Jahres 1968 billigte der Bundestag mit den Stimmen der Großen Koalition eine Grundgesetzänderung (Notstandsverfassung) und mehrere einfache Notstandsgesetze, im Allgemeinen zusammengefasst als Notstandsgesetze. Bis dahin hatten sich die Westalliierten vorbehalten, im Notstandsfall aktiv in Deutschland einzugreifen.

Zum Inhalt der Notstandsverfassung:

(...) Nach jahrelanger politischer Auseinandersetzung entstand (...) die Notstandsverfassung, die für den Verteidigungsfall oder für den Fall schwerer innerer Unruhen das Grundgesetz änderte und ergänzte.
(...) Die Regelung ermöglicht Entscheidungen auch dann, wenn Bundestag und Bundesrat nicht mehr zusammentreten können. In diesem Falle soll ein schon in Friedenszeiten gebildeter Gemeinsamer Ausschuss anstelle der gesetzgebenden Körperschaften die erforderlichen Maßnahmen beschließen (Art. 115a ff. GG). Im Rahmen des Bündnisses kann die Bundesregierung Rechtsnormen, die für den Spannungsfall [= schon vor Eintritt des Verteidigungsfalles] vorbereitet sind, in Kraft setzen (...) (Art. 80a GG). Grundrechte bleiben in allen wesentlichen Punkten unberührt. Allerdings ist die Heranziehung Wehrpflichtiger (...) für Zwecke der Verteidigung oder zur Versorgung der Bevölkerung zulässig (Art. 12a GG).
(...) Im äußersten Falle können auch [bei einem inneren Notstand] die Streitkräfte eingesetzt werden (Art. 87a Abs. 4 GG).

(Ernst Benda: Notstandsverfassung. In: Uwe Andersen/Wichard Woyke [Hrsg.]: Handwörterbuch des politischen Systems der Bundesrepublik Deutschland. Bonn 1997, S. 384)

➔ Lege mit eigenen Worten dar, in welchen Fällen die Neuregelungen greifen sollten und inwiefern diese Bestimmungen sich von der Normalität in einem demokratischen Rechtsstaat unterscheiden. Nimm das Grundgesetz mit den entsprechenden Stichpunkten und genannten Artikeln bzw. weitere Informationsmaterialien zu Hilfe.

➔ Überlege dir Situationen, in denen diese Regelungen ein Vorteil sein können und wann sie zur Gefahr für eine demokratische Republik werden können.

➔ Diskutiert mögliche Reaktionen gegen einen Missbrauch der Notstandsgesetze in der Klasse.

DIE NOTSTANDSGESETZE (2)

Die Verabschiedung der Notstandgesetze im Bundestag erfolgte nach erbitterten Debatten v. a. mit der kleinen, nur aus der FDP bestehenden Opposition. Aber auch in der Öffentlichkeit wurden diese Regelungen heftig angegriffen. Sie gelten als ein Hauptgrund für die Entstehung der außerparlamentarischen Opposition (APO), die vor allem durch Studentengruppen gebildet wurde.

Entwurf eines Plakates der Gegner:

NOTVERORDNUNGEN haben Hitler den Weg bereitet. Bei Gründung der Bundesrepublik sollte diese Möglichkeit durch die Verfassung ein für alle Mal ausgeschlossen werden. Deshalb gibt es im Grundgesetz keine Diktaturvollmachten. (...) Jetzt fordert die Regierung wieder NOTSTANDSGESETZE. Schon in Friedenszeiten soll es eine Arbeitsdienstpflicht geben. (...) Unter der Aufsicht von Blockwarten sollen Luftschutzkeller, Luftschutzgeräte und Kriegsvorräte angelegt und in Luftschutzübungen ausprobiert werden. Die Macht der Exekutive wird übergroß.

Schon ihre Behauptung, es drohe dem Land ein Angriff, kann zur Ausschaltung des Parlaments führen. Nur ein kleiner Ausschuss von Abgeordneten soll in die Geheimnisse der Regierung eingeweiht und zur Mitarbeit an ihren Beschlüssen herangezogen werden. Das ist nicht mehr Kontrolle durch das Volk, das ist keine Demokratie mehr. Immer, wenn des Volkes Rechte eingeschränkt wurden, rückten Krieg und Diktatur näher. Passt diesmal auf! (...)

(Entwurf von Eberhard Marhold; zitiert nach: Politik und Unterricht 3/1999, S. 38)

Der CDU/CSU-Bundestagsabgeordnete Lenz in der Bundestagsdebatte zu den Notstandsgesetzen:

Es ist nicht wahr, dass dieser Entwurf den Weg zur Diktatur bereitet. Der vorliegende Entwurf hält unter parlamentarischen und rechtsstaatlichen Gesichtspunkten jeden Vergleich mit jeder Vorsorgeregelung für den Notfall aus, die es auf der Welt gibt. (...) Es ist nicht wahr, dass durch diesen Entwurf die staatsbürgerlichen Freiheiten beseitigt werden. Meinungsfreiheit, Pressefreiheit, Vereins- und Versammlungsfreiheit werden durch den Entwurf nicht berührt. (...) Dieses Gesetz ist notwendig, um die alliierten Vorbehaltsrechte zum Erlöschen zu bringen, auf Grund derer die Drei Mächte noch heute die oberste Staatsgewalt in der Bundesrepublik übernehmen können. Dieses Gesetz ist notwendig, um die lebensnotwendige Versorgung der Bevölkerung und der Streitkräfte und den Schutz der Bevölkerung im Verteidigungsfall sicherzustellen, soweit dies (...) überhaupt möglich ist. (...)

(Zitiert nach: Irmgard Wilharm (Hrsg.): Deutsche Geschichte 1962–1983. Dokumente in zwei Bänden, Bd. 1. Frankfurt/M. 1985, S. 149 f.)

➡ Ordne den beiden Stellungnahmen je eine Farbe zu und markiere in der Quelle zum Inhalt der Notstandsgesetze (vorherige Seite) jeweils die Stellen, auf die sich die hier stehenden Auslegungen beziehen.

➡ Stelle in der folgenden Tabelle die beiden Erläuterungen thematisch sinnvoll geordnet gegenüber. Gehe dabei auch auf die jeweils angeführten Motive für die Sonderregelungen ein.

Plakat der Gegner	Bundestagsabgeordneter Lenz (CDU/CSU)

➡ Finde dein persönliches Urteil zu den Notstandsgesetzen und lege dieses begründend in Form einer kurzen Rede auf einem gesonderten Blatt dar. Diskutiert darüber in der Klasse.

VOM PROTEST ZUM TERROR

Das Jahr 1968 markiert nicht nur den Höhepunkt der Protestkultur in Deutschland, sondern auch den Zeitpunkt ihrer Teilung in verschiedene Strömungen. Während die Mehrheit sich entweder schon bald zurückzog oder mittels des „Ganges durch die Institutionen" Veränderungen auf friedlichem Wege erreichen wollte, entdeckte eine radikale Minderheit für sich das Mittel des Terrorismus, um gegen ihrer Ansicht nach vorhandene gesellschaftlich-politische Missstände vorzugehen. Seine Wurzeln hat ein großer Teil des Terrorismus in Deutschland somit vor allem in der Studentenbewegung.

→ Informiere dich über die aufgelisteten Ereignisse. Notiere Stichpunkte, gegen welche Personen, Institutionen und Einrichtungen sich der Protest richtete und wer daran beteiligt war.

- Plakataktion „Amis raus aus Vietnam"
- „sit-ins" gegen Notstandsgesetze legen Verkehr auf wichtigen Straßen lahm
- Bei Demonstrationen Polizeisperren durchbrochen
- Brandanschlag auf ein Kaufhaus in Frankfurt/M. ohne Tote
- Entführung des Arbeitgeberpräsidenten Schleyer Tod des Fahrers und dreier Polizisten

→ Welche Form von Protest- und Widerstandsaktion stufst du als nicht mehr gerechtfertigt ein? Begründe deine Meinung.

→ Suche Definitionen von „Terrorismus" in verschiedenen Lexika und vergleiche diese mit deiner oben vorgenommenen Bewertung. Zu welchem Schluss kommst du?

Gesellschaft im Aufbruch — GESCHICHTE

HINTERGRÜNDE DES TERRORS

Fragt man nach den Gründen und Ursachen für den Terrorismus in Deutschland, so sind sie nicht mit letzter Sicherheit zu klären. Auf dieser Seite findest du verschiedene Dokumente, die die Entstehung des Terrorismus eventuell verstehen helfen.

Radikale Gruppen aus der Studentenbewegung:

Bereits während der Studentenunruhen ab 1967/68 war deutlich geworden, dass es neben den Demonstrationen, Diskussionen und anderen gewaltlosen Aktivitäten für eine Reform oder Überwindung des Bestehenden unter den „Systemkritikern" Befürworter von radikaleren Methoden gab. (…) Diese militanten Gruppen versuchten nach dem Beispiel der in südamerikanischen Städten operierenden Untergrundkämpfer eine Revolution durch Gewalt und Terror durchzusetzen. Die (…) wichtigsten Vereinigungen mit dieser Zielsetzung waren: die „Rote-Armee-Fraktion" (RAF), (…) die „Bewegung 2. Juni" (…).

Der führende Kopf der APO, Rudi Dutschke:

(der sich allerdings vom Mittel des Terrors distanzierte):
Unsere Opposition ist nicht gegen einige kleine Fehler des Systems, sie ist vielmehr eine totale, die sich gegen die ganze bisherige Lebensweise des autoritären Staates richtet. (…) Durch systematische, kontrollierte und limitierte Konfrontation mit der Staatsgewalt [soll] die repräsentative Demokratie [gezwungen werden], offen ihren Klassencharakter, ihren Herrschaftscharakter zu zeigen [und] sich als Diktatur der Gewalt zu entlarven.

(Zitiert nach: Bundeszentrale für politische Bildung [Hrsg.]: Informationen zur politischen Bildung 191. Bonn 1981, S. 16 und S. 7)

Toter bei Demonstrationen

Bei Auseinandersetzungen zwischen Polizei und Demonstranten anlässlich des Besuchs des persischen Schahs wird der Demonstrant Benno Ohnesorg von einem Polizisten erschossen. Am 2. Juni 1967 erlag er in Berlin seinen Schussverletzungen. Der Beamte beteuert, in Notwehr gehandelt zu haben.

Attentat auf Dutschke

Am 11. Mai 1968 verübt ein Anstreicher in Berlin ein Revolverattentat auf Rudi Dutschke. Viele seiner Gefolgsleute bringen dies mit der sehr kritischen Berichterstattung der konservativen Springer-Presse (v. a. Bild-Zeitung) in Verbindung.

➜ Suche in den Quellen nach Beweggründen und Motiven für Terrorismus und markiere diese nach inhaltlichen Bezügen mit verschiedenen Farben.

➜ Fasse sie in eigenen Worten zusammen. Erkläre in diesem Zusammenhang auch die Namen „Rote Armee Fraktion" (RAF) und „Bewegung 2. Juni".

_____

_____

_____

_____

➜ Der 11. September 2001 steht heutzutage für den Terrorismus schlechthin. Informiere dich über die Hintergründe dieses Terrorismus und vergleiche ihn mit demjenigen, der in 1970ern und 1980ern in der Bundesrepublik vorherrschte.

REAKTIONEN DES WESTDEUTSCHEN STAATES AUF DEN TERRORISMUS

Den Höhepunkt des linksextremen Terrors in der Bundesrepublik bildete nach einer Reihe von Anschlägen der so genannte „Deutsche Herbst" 1977: Um die Freilassung von führenden RAF-Mitgliedern zu erzwingen, wurden der Arbeitgeberpräsident Hanns Martin Schleyer und kurze Zeit später die Lufthansa-Maschine „Landshut" mit 91 Insassen entführt. Trotz Drängens, vor allem der Angehörigen Schleyers, auf Nachgeben, blieb die Bundesregierung hart und ließ die „Landshut" durch ein Sonderkommando befreien. Vorher war der Pilot Jürgen Schumann ermordet worden. Nach dem Selbstmord führender Terroristen im Gefängnis Stammheim wurde Schleyer von seinen Entführern exekutiert. Anlässlich des 25. Jahrestages der Ermordung Schleyers wurde im Oktober 2002 eine Gedenkfeier für die RAF-Opfer abgehalten, bei der unter anderem Bundespräsident Rau sprach.

Kommentar des Journalisten Heribert Prantl von der „Süddeutschen Zeitung" zu der Rede:

(…) Die Jahre, in denen Deutschland nicht mehr aus noch ein wusste, in denen der Rechtsstaat in Gefahr war, weil er sich gezwungen sah, dem Kampf gegen die RAF Rechtsgrundsätze zu opfern – diese Jahre sind tief versunken in der Geschichte der Republik. (…) Der RAF-Terror, die gespenstischen Prozesse in Stuttgart-Stammheim, die Zeit des Ausnahmezustands, den jeder fühlte, der aber nie offiziell erklärt worden war: Fast scheint es so, als habe es das alles nicht gegeben. (…) Man hat auch vergessen, in welchem Umfeld die RAF lange Zeit operieren konnte: 1977, in exakt der Zeit also, über die der Bundespräsident (…) gesprochen hat, war die RAF-Sympathisantenszene auf mehrere zehntausend Menschen angestiegen. Man hat auch vergessen, wie der Staat darauf reagierte: Mit einem Stahlnetz von Paragrafen und Polizeiaktionen. Wer nicht in den Ruf nach kompromissloser Härte einstimmte, ja wer auch nur über Ursachen von Terrorismus nachdachte und einzelne staatliche Aktionen hinterfragte, wurde selbst in die Nähe des Terrorismus gerückt. So erging es 1974 dem Berliner Bischof Kurt Scharf, den man als „Baader-Meinhof-Bischof" [Baader und Meinhof waren Mitbegründer der RAF] abkanzelte. (…) Der Bundespräsident war mit seiner Antwort auf viele Fragen schnell bei der Hand: „Nein, der Rechtsstaat hat die Grenzen des Zulässigen nicht überschritten." Könnte sich der Staat so sicher sein, wie Rau es meint, dann müsste er sich eigentlich nicht scheuen, die Gesetze von damals, die teilweise in rasender Hast erlassen wurden, auf den Prüfstand zu stellen: Die Anti-Terror-Gesetze, die gegen die RAF erlassen wurden, sind nämlich samt und sonders in Kraft. (…)

(„Ein Stück Archäologie", Heribert Prantl. Süddeutsche Zeitung vom 19./20. Oktober 2002, S. 9)

➡ Notiere in Stichpunkten, in welcher Weise der Journalist die damalige Atmosphäre in Deutschland beschreibt. Welche Rolle spielte seiner Ansicht nach die Staatsgewalt?

➡ Finde Argumente für und wider das Vorgehen der Bundesregierung. Informiere dich dazu über die damals erlassenen Gesetze (z. B. Extremistenerlass, Kontaktsperregesetz).

DIE OSTVERTRÄGE DER REGIERUNG BRANDT

Die sozialliberale Regierung unter dem Bundeskanzler Willy Brandt leitete 1969 eine neue Ostpolitik ein. Hierbei sollte vor allem das Verhältnis zur UdSSR, zu Polen und zur DDR geregelt werden. Höhepunkt dieser Verständigungspolitik bildete ein umfangreiches Vertragswerk mit diesen Ländern.

Auszug aus der Regierungserklärung des Bundeskanzlers Willy Brandt vom 28. Oktober 1969:

Diese Regierung geht davon aus, dass die Fragen, die sich für das deutsche Volk aus dem Zweiten Weltkrieg und aus dem nationalen Verrat durch das Hitlerregime ergeben haben, abschließend nur mit einer europäischen Friedensordnung beantwortet werden können. Niemand kann uns jedoch ausreden, dass die Deutschen ein Recht auf Selbstbestimmung haben, wie andere Völker auch. Aufgabe der praktischen Politik in den jetzt vor uns liegenden Jahren ist es, die Einheit der Nation dadurch zu wahren, dass das Verhältnis zwischen den Teilen Deutschlands aus der gegenwärtigen Verkrampfung gelöst wird. Die Deutschen sind nicht nur durch ihre Geschichte – mit ihrem Glanz und Elend verbunden – wir sind alle in Deutschland zu Haus. Wir haben auch gemeinsame Aufgaben und gemeinsame Verantwortung: für den Frieden unter uns in Europa. 20 Jahre nach der Gründung der Bundesrepublik und der DDR müssen wir ein weiteres Auseinanderleben der deutschen Nation verhindern, also versuchen wir über ein geregeltes Nebeneinander zu einem Miteinander zu kommen. Dies ist nicht nur ein deutsches Interesse, denn es hat seine Bedeutung auch für den Frieden in Europa und für das Ost-West-Verhältnis. (...)

(Bulletin vom 29.10.1969 Nr. 132, S. 1121. In: Auswärtiges Amt [Hrsg.]: Außenpolitik der Bundesrepublik Deutschland. Dokumente von 1949 bis 1994. Köln 1995, S. 329 f.)

➡ Lies die Grundsatzerklärung Willy Brandts und notiere dir daraus die deiner Meinung nach drei wichtigsten Stichpunkte geordnet nach der Wichtigkeit. Einige dich mit deiner Nachbarin/deinem Nachbarn auf eine gemeinsame Prioritätenliste und besprecht sie in der Klasse. Begründet dabei eure Gewichtung.

___

___

➡ Recherchiere die jeweiligen Vertragspartner und die Kernaussage der einzelnen Ostverträge.

Verträge	Vertragspartner	Inhalt
12.08.1970 Moskauer Vertrag		
07.12.1970 Warschauer Vertrag		
03.09.1971 Viermächteabkommen		
30.12.1971 Transitabkommen		
21.12.1972 Grundlagenvertrag		

➡ Begründe, warum die Verträge genau in dieser Reihenfolge abgeschlossen wurden.

___

___

WILLY BRANDTS KNIEFALL VOR DEM MAHNMAL DES WARSCHAUER GHETTOS

Im Warschauer Ghetto lebten 1944 mehr als 400 000 Juden zusammengepfercht unter unmenschlichen Bedingungen. Einen Aufstand gegen die Transporte in die Vernichtungslager hatten die Nazis blutig niedergeschlagen und das Ghetto dem Erdboden gleichgemacht.
Das Foto von 1970 zeigt den damaligen Bundeskanzler Willy Brandt vor dem Mahnmal im ehemaligen Warschauer Ghetto.

➡ Betrachte das Foto genau und beschreibe die Reaktion der umstehenden Menge auf den Kniefall.

(bpa, Bundesbildstelle Berlin/Foto: Engelbert Reinike)

➡ Der Kniefall Brandts, der im Ausland allgemein sehr positiv aufgenommen wurde, wurde in Deutschland sehr unterschiedlich bewertet:

Als ich von dem Warschauer Kniefall erfuhr, fragte ich mich, ob er sich der Tatsache bewusst war, dass es in den kommunistisch regierten Ländern, besonders auch in Polen, heute noch eine echte Judenverfolgung gibt.
(F. J. Strauß)

Das Bild vom knienden Bundeskanzler hat mich außerordentlich unangenehm berührt. Ein solcher Kniefall in einem fremden Land widerspricht allen internationalen Gepflogenheiten.
(F. Walter, Vizepräsident des Bundes der Vertriebenen)

Ich fühlte, dass es vor diesem Mahnmal für Millionen von Opfern nicht genügen würde, nur einfach den Kopf zu neigen.
(W. Brandt)

Dann kniete er, der das nicht nötig hat, für alle, die es nötig haben, aber nicht knien – weil sie es nicht wagen oder nicht können oder nicht wagen können.
(Unbekannter Verfasser)

(Zitiert nach: Guido Knopp: Die großen Fotos des Jahrhunderts. München 1994, S. 168–170)

➡ Wähle aus den Zitaten, die dieses Ereignis kommentieren, zwei aus und erläutere sie.

OPPOSITION IN DER DDR – DISSIDENTEN (1)

Der Begriff „Dissidenten" umschreibt eine Gruppe kritischer Intellektueller, die sich mit der DDR identifizierten, aber einen demokratischen Sozialismus einforderten. Neben einer offenen ideologischen Diskussion und der Kritik von Missständen sollten die Mitwirkungsrechte der Basis ermöglicht werden. Ein bedeutender Vertreter war u. a. der Schriftsteller Wolf Biermann. Die Ausbürgerung Biermanns 1976 nach einem Konzert in der Bundesrepublik löste eine Konfrontation zwischen der Staatsführung und den Intellektuellen in der DDR aus.

Günter Kertzscher: Angemessene Antwort auf feindseliges Auftreten gegen die DDR, „Neues Deutschland" vom 17.11.1976:

*Was er dort [= in Köln] sang, rezitierte und zusammenredete, das waren massive Angriffe gegen unseren sozialistischen Staat, gegen unsere sozialistische Gesellschaftsordnung. Es enthielt die Aufforderung, diese Ordnung in der DDR zu beseitigen. (...)
Zur Staatsbürgerschaft gehört eine Treuepflicht gegenüber dem Staat. Das ist nicht nur in der DDR so. Biermann hat diese Treuepflicht bewusst und ständig grob verletzt. (...) Biermann hatte einst, aus der BRD kommend, die Staatsbürgerschaft der DDR erhalten, nun hat er sie durch seine Schuld, durch sein feindliches Auftreten gegen unseren sozialistischen Staat, wieder verloren. (...)*

(Zitiert nach: Matthias Judt [Hrsg.]: DDR-Geschichte in Dokumenten. Bonn 1998, S. 328/329)

Protestbrief des Philosophen Wolfgang Heise vom 18.11.1976 an den Leiter der Ideologischen Kommission beim Politbüro, Kurt Hager:

*Ich halte die Maßnahme seiner [= Biermanns] Ausbürgerung in Inhalt und Form für schädlich. Sie hat nach innen Vertrauen zerstört, eine Kluft aufgerissen, (...) und dieser eine Tiefe und Breite gegeben, die sie in ihrer gewiss vorhandenen Latenz nicht hatte. Konfrontationen wurden provoziert, die im Grunde – gerade weil die Machtverteilung so eindeutig – nicht austragbar sind. Nach außen hin – abgesehen vom Festessen für die Propaganda des Westens – wurde politisch-moralische Glaubwürdigkeit abgebaut, dafür entstand der Eindruck, ein Konformismus polizeistaatlicher Prägung sei in unserer Republik Zwangsnorm. (...)
Hat nun Biermanns Auftreten oder das Verbot seiner Rückkehr die DDR mehr Sympathien gekostet? Das Auftreten, meine ich, keine. Die öffentlichen Proteste, (...) resultieren sie nicht aus dem Mangel an öffentlichem Leben, Diskussion, Auseinandersetzung, die in unseren Ritualen zwischen Feier und Belehrung nicht vorhanden sind?*

(Zitiert nach: Matthias Judt [Hrsg.]: DDR-Geschichte in Dokumenten. Bonn 1998, S. 328/329)

➡ Stelle gegenüber, mit welchen Argumenten für und gegen die Ausbürgerung Biermanns Partei ergriffen wird.

G. Kertzscher	W. Heise

➡ Versuche in eigenen Worten das jeweilige Staatsverständnis zu formulieren, das von den beiden vertreten wird.

OPPOSITION IN DER DDR – DISSIDENTEN (2)

▶ Der Fall Biermann erschütterte die Kulturszene der DDR. Ein auf Initiative Stephan Hermlins verfasster offener Brief von zwölf Autoren, der die Kritikfähigkeit des sozialistischen Systems einforderte und ein Überdenken der Ausbürgerung verlangte, wurde innerhalb kurzer Zeit von weit über 100 Künstlern unterschrieben. Ein großer Teil von ihnen hatte in der Folge unter vielfältigen Einschränkungen zu leiden, was eine Ausreisewelle von Intellektuellen nach sich zog.

Manfred Krug: Antrag auf Ausreise aus der DDR in die BRD vom 20.04.1977:

Wie bekannt, verfassten nach der Biermannausweisung 12 Schriftsteller einen Protest, den auch ich unterschrieb. Nachdem ich nicht bereit war, diese Unterschrift zurückzuziehen, hat sich mein Leben schlagartig verändert.
- *Das Fernsehen der DDR schloss mich von jeder Mitarbeit aus. (…)*
- *„Die großen Erfolge", eine fertige LP, wird nicht erscheinen.*
- *Der DEFA-Film „Feuer unter Deck" wird nicht Beitrag der Sommerfilmtage 77 sein, mit der Begründung, ich hätte in Erfurt einen Genossen niedergeschlagen.*
- *Zwei Tage vor der Biermann-Ausweisung war mir durch das Komitee für Unterhaltungskunst der DDR eine Tournee durch Westdeutschland angeboten worden. Diese Tournee findet nicht statt. (…)*
- *Obwohl alle meine Jazzkonzerte in den vergangenen Jahren ausverkauft waren, gibt es keine neuen Angebote. Von 15 im Vorjahr zugesagten Konzerten sind 9 ersatzlos und unbegründet gestrichen worden. (…)*
- *Neuerdings werden mich betreffende unwahre Informationen verbreitet, wie z. B. die Behauptung des Kulturministers, ich hätte Leute unter Druck gesetzt, um ihre Unterschriften unter die Petition zu erwirken.*
- *Falsche Geschichten werden in Umlauf gebracht. In Erfurt hat ein Mann mir gegenüber öffentlich behauptet, ich würde über ein Dollarkonto in der Schweiz verfügen. (…)*

Schmerzlich ist die durch solche Mittel erzielte Isolation. Erste Bekannte verzichten auf Besuche; (…) Eltern verbieten ihren Kindern, weiterhin mit meinen Kindern zu spielen; (…) eine Berliner Staatsbürgerkundelehrerin sagt ihren Schülern, Schauspieler verkauften für Geld ihre Meinungen, insbesondere Krug sei ein Krimineller, der schon mehrmals im Gefängnis gesessen habe; einem befreundeten Bildhauer wird von Armeeoffizieren, seinen Auftraggebern, geraten, sich von mir zu distanzieren; Beamte stellen in der Nachbarschaft Recherchen darüber an, wen ich wann und wie oft besuche; auf einem Potsdamer Forum wird öffentlich geäußert, ich sei ein Staatsfeind und ein Verräter der Arbeiterklasse.

(Manfred Krug: Abgehauen. Ein Mitschnitt und ein Tagebuch. Düsseldorf 1996, S. 122–125 © 1996 Econ Verlag, Düsseldorf und München)

▶ Stelle zusammen, welche Lebensbereiche Krugs in welcher Weise beeinträchtigt wurden.

_____

_____

▶ Überlege: Welche Zielsetzungen verfolgte das System der DDR? Welche Gefahren waren damit aber auch verbunden?

_____

_____

_____

▶ Der offene Brief Hermlins gegen die Ausbürgerung Biermanns wurde von Sarah Kirsch, Christa Wolf, Volker Braun, Franz Fühmann, Stephan Hermlin, Stefan Heym, Günter Kunert, Heiner Müller, Rolf Schneider, Gerhard Wolf, Jurek Becker und Erich Arendt unterschrieben. Recherchiere im Internet, wie der Lebensweg der Unterzeichner nach 1976 weiter verlaufen ist.

DIE KIRCHLICHE FRIEDENSBEWEGUNG IN DER DDR

Trotz vieler Auseinandersetzungen blieb die Kirche als einzige Institution von einer unmittelbaren staatlichen Kontrolle ausgenommen und konnte einen begrenzten Freiraum bieten. Die steigende innere Militarisierung des DDR-Staates (ab 1978 Wehrkundeunterricht, ab 1982 Möglichkeit der Einberufung von Frauen zum Militärdienst), die Menschenrechtsverletzungen trotz Unterzeichnung der KSZE-Schlussakte, der Einmarsch der Sowjetunion in Afghanistan sowie die Stationierung von Mittelstreckenraketen durch die UdSSR in Osteuropa zog neben den Menschenrechts- und Umweltgruppen eine aktive Friedensbewegung nach sich, die unter dem Schutz der Kirche 1981/1982 zur größten Oppositionsbewegung in der DDR wurde. Seit 1980 verkündeten der Bund der Evangelischen Kirchen und die Arbeitsgemeinschaft Christlicher Kirchen in der DDR zehntägige so genannte Friedensdekaden. Schlagwort und Symbol der Bewegung wurde „Schwerter zu Pflugscharen".

Von dem Aufnäher wurden seit 1981 weit über 100 000 Stück verteilt, sodass er als öffentliches Bekenntnis bald überall im Straßenbild zu sehen war.

Micha 4, 3, über das Friedensreich um Jerusalem:
„Ihre Schwerter schmieden sie zu Pflugscharen um und ihre Lanzen zu Winzermessern. Nimmer wird Volk gegen Volk das Schwert erheben, und nicht mehr lernt man die Kriegskunst."

Denkmal vor dem UNO-Gebäude in New York. Schenkung der Sowjetunion

➡ Erkläre die unterschiedlichen Symbolbereiche, die in dem Aufnäher miteinander verschmelzen. Beziehe den Auszug aus der Bibel in deine Überlegungen ein.

_____
_____
_____
_____

➡ Verdeutliche, warum das Symbol von staatlicher Seite als Provokation empfunden wurde – obgleich ein Bild der Plastik auch im Geschenkbuch zur Jugendweihe abgedruckt war. Lies dazu den Einführungstext noch einmal durch.

_____
_____
_____

➡ Sucht weitere Symbole von Friedensbewegungen. Versucht sie zu entschlüsseln und zu erklären.

DER EISERNE VORHANG WIRD DURCHLÄSSIG: GORBATSCHOWS REFORMPOLITIK

Im Sommer 1987 veröffentlichte der sowjetische Parteichef Michail Gorbatschow ein Buch über die von ihm in die Wege geleitete Neuorientierung der sowjetischen Politik. Die Schlagworte Glasnost (Transparenz) und Perestroika (Umbau) markierten das Ende des Kalten Krieges und den Anfang einer neuen Weltordnung.

Michail Gorbatschow über die Perestroika:

Wir brauchen kein Feindbild von Amerika, weder aus innen- noch aus außenpolitischem Interesse. Man braucht dann einen imaginären oder tatsächlichen Feind, wenn man die Spannung aufrechterhalten will und auf eine Konfrontation mit weitreichenden und, ich muss hinzufügen, mit unvorhersehbaren Konsequenzen aus ist. Wir aber verfolgen eine andere Richtung. In der Sowjetunion gibt es keine Propaganda, die den Hass gegenüber Amerikanern schürt oder die Verachtung für Amerika fördert. Sie werden so etwas in unserem Land weder in der Politik noch im Schulunterricht finden. Wir üben lediglich Kritik an einer Politik, mit der wir nicht einverstanden sind. Doch das ist etwas anderes. Es bedeutet nicht, dass wir uns gegenüber dem amerikanischen Volk respektlos verhalten. (…) Wir reagieren empfindlich und, offen gesagt, mit großer Vorsicht auf Bestrebungen, der Sowjetunion das Image eines Feindes zu verpassen, und zwar vor allem, da diese Bestrebungen ja nicht nur nach dem Prinzip der üblichen fantastischen Geschichten von einer „militärischen Bedrohung durch die Sowjetunion", der „Hand Moskaus", den „Plänen des Kreml" und einer völlig negativen Darstellung unserer inneren Angelegenheiten gehalten sind.

(Michail Gorbatshow: Perestroika. Die zweite russische Revolution. München 1987, S. 284 f. © 1987 Droemer Knaur, München)

→ Fasse zusammen, welche Politik Gorbatschow gegenüber den USA betreiben wollte und welche Politik er vom Westen verlangte.

_____
_____
_____

→ Schraffiere die wesentlichen Elemente der Karikatur in verschiedenen Farben und gib deren Aussage in eigenen Worten wieder.

→ Wie wird die Politik von M. Gorbatschow beurteilt?

_____
_____

VERLAUF DER „FRIEDLICHEN REVOLUTION" VON 1989 (1)

➡ Schneide die Ereignisse der Revolution aus und ordne sie den betreffenden Daten auf der Zeitleiste zu. Unterteile die Revolution in Phasen, für die du geeignete Überschriften suchst. Diskutiert eure Ergebnisse in der Klasse.

Bundeskanzler Kohl stellt sein Zehn-Punkte-Programm „zur Überwindung der Teilung Deutschlands vor". Oppositionsgruppen der DDR formulieren den Aufruf „Für unser Land" mit der Forderung einer eigenständigen DDR als „soziale Alternative zur BRD".

Die Zahl von DDR-Bürgern, die sich in die Bonner Botschaften in Budapest, Ostberlin, Prag und Warschau flüchten, steigt stetig.

Vereinigungsparteitag der vier großen liberalen Parteien

Beschluss der Volkskammer zum Beitritt der DDR zur BRD nach Artikel 23 des Grundgesetzes

---

Die deutsche Einheit wird vollzogen und dieses Datum zum nationalen Feiertag erklärt.

Eröffnung der Zwei-plus-Vier-Gespräche zwischen den Siegermächten und Vertretern der beiden deutschen Staaten über die Vereinigung Deutschlands.

Krenz legt sein Amt als Staatsratsvorsitzender nieder.

Die CDU gewinnt die Volkskammerwahl in der DDR mit einem hohen Vorsprung vor der SPD.

Der „Runde Tisch" – Dialogforum der alten Parteien und neuen Oppositionsgruppen – tagt zum ersten Mal.

Die Mauer fällt! 28 Jahre nach ihrem Bau öffnet die DDR die Grenzen nach Westberlin und zur Bundesrepublik.

Der Runde Tisch lehnt auf seiner letzten Sitzung eine Übernahme des Grundgesetzes für die DDR ab. Betont wird das Recht auf eine eigene Verfassung.

Die Volkskammer verabschiedet ein neues Reisegesetz für die Reisefreiheit aller Bürger. Gorbatschow stimmt bei einem Besuch von Modrow in Moskau der Einheit der beiden deutschen Staaten zu.

Zeitleiste:
- 8/ 1989
- 11.09.1989
- 30.09.1989
- 09.10.1989
- 18.10.1989
- 09.11.1989
- 13.11.1989
- 28.11.1989
- 06.12.1989
- 07.12.1989
- 19.12.1989
- 11.01.1990
- 30.01.1990

VERLAUF DER „FRIEDLICHEN REVOLUTION" VON 1989 (2)

Nach Massenprotesten wird Staats- und SED-Chef Honecker nach 18 Jahren abgelöst. Neuer SED-Chef wird Egon Krenz.	10./11.2. 1990
Unterzeichnung des Staatsvertrags zur Wirtschafts-, Währungs- und Sozialunion	20.02. 1990
Ungarn öffnet seine Grenzen für DDR-Flüchtlinge. Eine Massenflucht setzt ein.	12.03. 1990
Bundesaußenminister Genscher kündigt den Flüchtlingen in den Bonner Botschaften die Ausreisemöglichkeit in den Westen an.	18.03.1990
Vereinigungsparteitag der SPD	05.05.1990
Unterzeichnung des Einigungsvertrages	18.05.1990
Die D-Mark wird als Zahlungsmittel eingeführt.	01.07.1990
Durch die Verabschiedung eines neuen Wahlgesetzes ebnet die Volkskammer den Weg für erste freie Wahlen in der DDR.	11.08.1990
Bei einer Großdemonstration in Leipzig kann eine bürgerkriegsähnliche Eskalation gerade noch verhindert werden.	27.09.1990
Bundesaußenminister Genscher und Bundeskanzler Kohl erhalten bei ihrer Reise in die UdSSR das Einverständnis von Gorbatschow für die deutsche Einheit.	01.10.1990
Hans Modrow wird der neue Regierungschef der DDR.	23.08.1990
Erstes Treffen zwischen Kohl und Modrow, bei dem sie Verhandlungen über eine deutsch-deutsche Vertragsgemeinschaft vereinbaren.	31.08.1990
Vereinigungsparteitag der CDU	03.10.1990

Die 1970er Jahre bis zur Wiedervereinigung — GESCHICHTE

DEMONSTRATIONEN ALS FRIEDLICHES PROTESTMITTEL

Träger der friedlichen Revolution in der ehemaligen DDR waren vor allem die Bürger, die mit ihren friedlichen Protesten ihren Unmut über das Regime der SED-Herrschaft zum Ausdruck brachten.

Auswahl einiger Slogans und Parolen der Demonstrationen 1989:

- Der Dialog wird bald zur Phrase, darum gehen wir weiter auf die Straße.
- Stell dir vor, es ist Sozialismus und keiner geht weg.
- Wir wollen nicht andere Herren, wir wollen gar keine.
- Rücktritt ist Fortschritt
- Lehrer statt Lügner
- Radikale Wende oder Ende

(Zitiert nach: Gerhart Maier: Die Wende in der DDR. Bonn 1991, S. 23)

→ Erläutere kurz die oben stehenden Parolen.

Erklärung des Politbüros der SED vom 11. Oktober:

Der Sozialismus braucht jeden. Er hat Platz und Perspektive für alle. Er ist die Zukunft der heranwachsenden Generation. Gerade deshalb lässt es uns nicht gleichgültig, wenn sich Menschen (…) von unserer Deutschen Demokratischen Republik losgesagt haben. (…) Die Ursachen für diesen Schritt mögen vielfältig sein. Wir müssen und werden sie auch bei uns suchen (…). Viele von denen, die unserer Republik in den letzten Monaten den Rücken gekehrt haben, wurden Opfer einer großangelegten Provokation. Wiederum bestätigt sich, dass sich der Imperialismus der BRD mit einem sozialistischen Staat auf deutschem Boden niemals abfinden wird (…). Wir werden auch künftig nicht zulassen, dass die Macht der Arbeiter und Bauern, dass die Werte, Ideale und Errungenschaften des Sozialismus angetastet werden. (…) Die Probleme der weiteren Entwicklung des Sozialismus in der DDR lösen wir selbst – im sachlichen Dialog und im vertrauensvollen politischen Miteinander. (…)

(Zitiert nach: Gerhart Maier: Die Wende in der DDR. Bonn 1991, S. 24)

→ Stelle die Aussagen des Politbüros in einen Zusammenhang mit den Parolen und bewerte die Reaktion der SED-Führung auf die Demonstrationen.

WEGE FÜR DIE WIEDERVEREINIGUNG IM GRUNDGESETZ

Angesichts der wachsenden Unruhen in der Bevölkerung der DDR beschloss der „Zentrale Runde Tisch", die erste freie Volkskammerwahl auf den 18. März 1990 zu legen. Im Wahlkampf ging es vorrangig darum, nach welchem Modus und Tempo die Wiedervereinigung vollzogen werden sollte.
Das Grundgesetz der Bundesrepublik Deutschland sah zwei Möglichkeiten für die Wiedervereinigung vor. Auf dieser Grundlage plädierte die „Allianz für Deutschland" (Bündnis aus CDU, „Demokratischer Aufbruch" und der „Deutschen Sozialen Union") im Wahlkampf für Artikel 23, während die SPD eine Vereinigung nach Artikel 146 befürwortete.

Auszug aus dem Grundgesetz der Bundesrepublik Deutschland:

Artikel 23: Dieses Grundgesetz gilt zunächst im Gebiet der Länder Baden, Bayern, Bremen, Groß-Berlin, Hamburg, Hessen, Niedersachsen, Nordrhein-Westfalen, Rheinland-Pfalz, Schleswig-Holstein, Württemberg-Baden und Württemberg-Hohenzollern. In anderen Teilen Deutschlands ist es nach deren Beitritt in Kraft zu setzen.

Artikel 146: Dieses Grundgesetz verliert seine Gültigkeit an dem Tage, an dem eine Verfassung in Kraft tritt, die von dem deutschen Volke in freier Entscheidung beschlossen worden ist.

(Zitiert nach: Gerhart Maier: Die Wende in der DDR. Bonn 1991, S. 73)

➡ Notiere, welche Lösung Artikel 23 und Artikel 146 jeweils für eine Wiedervereinigung der beiden deutschen Staaten vorsahen.

Artikel 23	Artikel 146

➡ Finde heraus, welche Gründe für die eine bzw. die andere Lösung sprachen. Notiere die Argumente.

DIE WIEDERVEREINIGUNG (1)

Das Wahlergebnis der Volkskammerwahlen vom 18. März mit einer überraschenden Mehrheit für die CDU wurde eindeutig als Votum für eine schnelle Wiedervereinigung gewertet. Demzufolge forderte Lothar de Maizière, der neu gewählte DDR-Ministerpräsident, schon kurz nach seiner Wahl am 12. April 1990 in seiner Regierungserklärung vom 19. April 1990 eine baldige Herstellung der Einheit Deutschlands auf der Basis des Artikels 23 des Grundgesetzes. Neben der Herstellung der Wirtschafts-, Währungs- und Sozialunion war der so genannte „Einigungsvertrag" der entscheidende Schritt auf dem Weg zur Wiedervereinigung.

Aus dem Vertrag zwischen der Bundesrepublik Deutschland und der Deutschen Demokratischen Republik über die Herstellung der Einheit Deutschlands vom 31. August 1990 (Einigungsvertrag):

Artikel 1: Länder
(1) Mit dem Wirksamwerden des Beitritts der Deutschen Demokratischen Republik zur Bundesrepublik gemäß Artikel 23 des Grundgesetzes am 3. Oktober werden die Länder Brandenburg, Mecklenburg-Vorpommern, Sachsen, Sachsen-Anhalt und Thüringen Länder der Bundesrepublik Deutschland. Für die Bildung und die Grenzen dieser Länder untereinander sind die Bestimmungen des Verfassungsgesetzes zur Bildung von Ländern in der Deutschen Demokratischen Republik vom 22. Juli 1990 (…) maßgebend.

(2) Die 23 Bezirke von Berlin bilden das Land Berlin.

Artikel 2: Hauptstadt (…)
(1) Hauptstadt Deutschlands ist Berlin. Die Frage des Sitzes von Parlament und Regierung wird nach der Herstellung der Einheit Deutschlands entschieden. (…)

Artikel 3: Inkrafttreten des Grundgesetzes
Mit dem Wirksamwerden des Beitritts tritt das Grundgesetz für die Bundesrepublik Deutschland vom 23. Mai 1949 in der Fassung vom 21. Dezember 1983 in den Ländern Brandenburg, Mecklenburg-Vorpommern, Sachsen, Sachsen-Anhalt und Thüringen sowie in dem Teil des Landes Berlin, in dem es bisher nicht galt, mit den sich aus Artikel 4 ergebenden Änderungen in Kraft, soweit in diesem Vertrag nichts anderes bestimmt ist.

(Zitiert nach: Bundeszentrale für politische Bildung [Hrsg.]: Verträge zur deutschen Einheit. Bonn 1991, S. 42 f.)

➜ Erarbeite, welche Regelungen die Artikel aus dem „Einigungsvertrag" vorsahen.

➜ Beschreibe mit eigenen Worten, wie die Wiedervereinigung der beiden deutschen Staaten auf der Grundlage des „Einigungsvertrages" vollzogen wurde.

➜ Diskutiert, weshalb sich die Wiedervereinigung nach Artikel 146 in der politischen Diskussion und Praxis nicht durchsetzen konnte.

DIE WIEDERVEREINIGUNG (2)

In einer Sondersitzung am 23. August 1990 beschloss die Volkskammer der DDR den Beitritt zur Bundesrepublik für den 3. Oktober 1990. In der Nacht vom 2. auf den 3. Oktober wurde die Wiedervereinigung feierlich vollzogen. Gleichzeitig wurde dieses Datum zum nationalen Feiertag erklärt. Die Urteile über die Wiedervereinigung waren sehr unterschiedlich.

Heinz-Werner Meyer (damaliger Vorsitzender des Deutschen Gewerkschaftsbundes) 1991:

Die deutsche Einheit kam ökonomisch, sozial, psychologisch zu schnell. Ob es politisch dazu überhaupt eine Alternative gab, weiß ich nicht: Historische Prozesse sind keine Sandkastenspiele. Heute legt die internationale Entwicklung aber die Vermutung nahe, dass die Einheit politisch gerade noch schnell genug kam.

(Zitiert nach: DAS PARLAMENT vom 22. Februar 1991)

Karl Kaiser (Direktor des Forschungsinstituts der Deutschen Gesellschaft für Auswärtige Politik) 1991:

Die Einheit kam zum goldrichtigen Augenblick, während der Öffnung eines einmaligen „Fensters der Gelegenheit", als der Westen handlungswillig und Gorbatschow noch handlungsfähig war.
1991 wäre es wohl nicht mehr möglich gewesen.

➡ Fasse zusammen, wie die Wiedervereinigung in den beiden exemplarischen Quellen beurteilt wird. Erkläre auch, auf welche nachfolgenden politischen Entwicklungen Bezug genommen wird.

_____
_____
_____
_____

(Zeichnung: Kevin Kallaugher, Baltimore Sun, USA 1990; aus: Horst Pötzsch: Deutsche Geschichte nach 1945. Landsberg 1997, S. 212)

➡ In welcher Weise wird die Wiedervereinigung in der Karikatur gewertet?

_____
_____
_____
_____

BRIEFMARKENQUIZ ZUR ZEIT 1945 – 1949

Anlässlich von Jubiläen gibt die Deutsche Post immer wieder Sonderbriefmarken heraus, die an denkwürdige historische Ereignisse und Begebenheiten erinnern sollen.

➔ Schaue dir die hier abgebildeten Briefmarken an. Ordne sie mit Hilfe der dazugehörigen Buchstaben in die unten stehende Zeitleiste ein und gib in Stichpunkten an, um welches Geschehen es sich handelt und warum dessen gedacht werden sollte.

A:

B:

C:

D:

E:

F:

1945   1946   1947   1948   1949

Buchstabe:

Ereignis/Erklärung: _____

„FIEBERKURVE" ZUM OST-WEST-VERHÄLTNIS

→ Erstelle eine „Fieberkurve" zur Entwicklung des Ost-West-Verhältnisses.

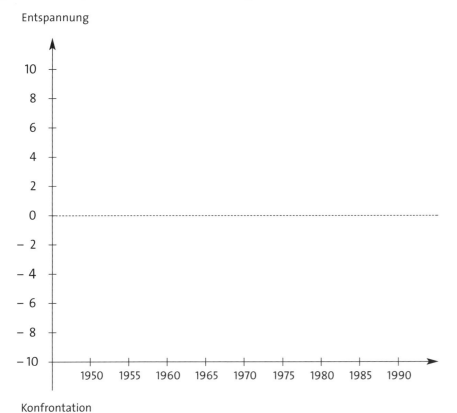

1. Potsdamer Konferenz
2. Blockade Berlins (1948/1949)
3. Koreakrieg (1950–1952)
4. Gründung des Warschauer Pakts (1955)
5. Ungarn-Aufstand (1956)
6. Bau der Mauer
7. Kuba-Krise
8. „Heißer Draht" (1963)
9. Vietnam-Krieg
10. KSZE (1975)
11. SDI-Programm Reagens (1983)
12. Glasnost-Programm Gorbatschows (1986)

GESCHICHTE — Ereignisse im Überblick

→ Erstelle zum deutsch-deutschen Verhältnis ebenfalls eine Kurve und vergleiche sie mit der oberen. Markiere Abschnitte farbig, wo die beiden Kurven ähnlich verlaufen.

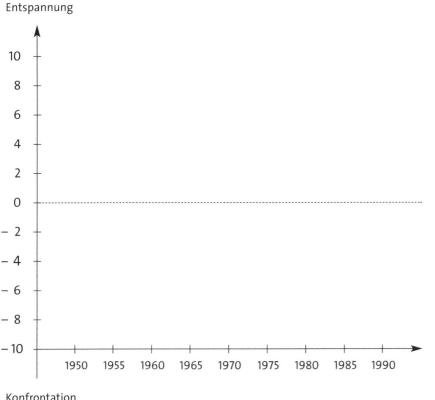

1. Gründung der BRD
2. Stalin-Note (1952)
3. 17. Juni 1953
4. Hallstein-Doktrin
5. Bau der Mauer
6. Passagierschein-Abkommen (1963)
7. Einführung einer DDR-Staatsbürgerschaft (1967)
8. Grundlagenvertrag (1972)
9. Ausweisung des Sängers Wolf Biermann aus der DDR (1976)
10. Milliardenkredit an DDR (1983)
11. Honecker in der BRD (1986)

© Cornelsen Verlag Scriptor, Berlin • Cornelsen Copy Center • Deutschland und die geteilte Welt nach 1945 • Geschichte 10

DM-MÜNZEN ALS QUELLEN

Schon in der Antike erkannten die Herrschenden die Möglichkeit, mit Hilfe der in Umlauf kommenden Münzen auf symbolischer Ebene Propaganda zu betreiben. Auch in modernen Demokratien haben die Geldmünzen die Aufgabe, Inhalte durch die Kombination von Bildern und Texten zu vermitteln. Unter den bis Ende 2001 gültigen DM-Münzen hatten die 2-Mark-Münzen eine Sonderstellung, da auf der Vorderseite historische Persönlichkeiten abgebildet wurden.

➡ Recherchiere in Lexika, Fachbüchern oder im Internet die dargestellten Personen und gib die von ihnen ausgeübten Ämter an. Nenne Ereignisse oder Vorgehensweisen, die mit diesen Personen verbunden werden und die rechtfertigen, dass sie auf einem offiziellen Zahlungsmittel dargestellt wurden.

Name/Amt: _____   Name/Amt: _____   Name/Amt: _____

Besonderheit: _____   Besonderheit: _____   Besonderheit: _____

Name/Amt: _____   Name/Amt: _____   Name/Amt: _____

Besonderheit: _____   Besonderheit: _____   Besonderheit: _____

➡ Welche Aussage wurde durch die Kombination der Köpfe mit dem Bundesadler auf der Rückseite und der Randprägung „Einigkeit und Recht und Freiheit" beabsichtigt?

➡ Seit der Einführung des Euros befindet sich auf den 10-, 20- und 50-Cent-Münzen die Darstellung eines Gebäudes. Nenne den Namen des Gebäudes und lege die damit verbundene Symbolik dar.

DIE WELT NACH 1945 – GESCHICHTS-TABU

Dauer des Spiels: 30 Minuten
Beliebig viele Teams zu 6 Spielern,
die zwei Gruppen bilden

Material:
Farbige Karteikarten für die Herstellung von Spielkarten.

Spielregeln:
1. Bildet Teams von 6 Spielern und teilt diese wiederum in zwei Gruppen.
1. Erstellt nach dem Muster in jeder Gruppe etwa 30 Spielkarten.
2. Tauscht die Karten mit denen eines anderen Teams aus.
3. Danach beginnt das Raten:
   Ein Spieler der ersten Gruppe kontrolliert den Erklärer aus der zweiten Gruppe, der seinen beiden Mitspielern das Lösungswort verdeutlichen muss, ohne allerdings die darunter stehenden Begriffe zu verwenden. Fällt ein „Tabu"-Begriff, ruft der Kontrolleur: „Weiter!" Wird das Wort erraten, gibt es einen Punkt. Danach übernimmt ein Mitglied der zweiten Gruppe das Erklären für seine zwei Mitspieler. Jeder Spieler hat dafür eine Minute Zeit.
4. Gewonnen hat die Gruppe, die die meisten Begriffe errät.

Mögliche Ratebegriffe:
Eiserner Vorhang • Domino-Theorie • Containment-Politik • Truman-Doktrin • Sputnikschock • Breschnew-Doktrin • friedliche Koexistenz • Perestroika • KSZE • SDI-Projekt • Warschauer Pakt • Potsdamer Abkommen • J. F. Kennedy • Nikita Chruschtschow • Entstalinisierung • Prager Frühling • Mondlandung • Mittelstreckenraketen • rotes Telefon • Alliierter Kontrollrat • Marshall-Plan • Rosinenbomber • Olympia-Boykott • Londoner Sechsmächte-Konferenz • Kominform • Kollektivierung • Korea-Krieg • Berlin-Ultimatum • Atlantik-Charta • Reeducation • Rollback • Stellvertreterkrieg • Nachrüstungsdebatte • Glasnost • NATO-Doppelbeschluss …

Ihr könnt euch natürlich auch weitere Begriffe überlegen.

Anmerkungen

Einige der historischen Quellen sind in der originalsprachlichen Form und mit geringfügigen Anpassungen an die reformierte Rechtschreibung abgedruckt.

Seite	Anmerkungen
8	Als Zusatzaufgabe wäre denkbar, dass die Schülerinnen und Schüler mithilfe eines historischen Atlasses Namen ehemals deutscher Städte in Polen und Tschechien ermitteln und diese mit den Straßennamen in ihrer Stadt vergleichen. Davon ausgehend können sie sich nach den Gründen für die Namensgebung erkundigen.
9	Es bietet sich an, dass die Schülerinnen und Schüler einen „Selbstversuch" durchführen und sich einen Tag oder mehrere Tage nach den von ihnen aufgestellten Speiseplänen ernähren. In einem Protokoll können sie ihre Erfahrungen notieren und sich in der Klasse später darüber austauschen.
11	Die Schülerinnen und Schüler können angeregt werden, weitere Karikaturen zur Situation der Menschen 1946/1947 zu zeichnen. Die Ergebnisse können in der Klasse oder im Schulgebäude ausgestellt werden.
9–13	Es bietet sich an, Zeitzeugen in die Klasse einzuladen, die von den Bedingungen der unmittelbaren Nachkriegszeit (Flucht, Vertreibung, Hunger, zerstörte Städte) berichten. Die Schülerinnen und Schüler können Fragen vorbereiten und das Gespräch später z. B. für die Schülerzeitung auswerten.
14–15	Die Schülerinnen und Schüler können sich in Gruppenarbeit, ausgehend von dem Auftrag, ein Rollenspiel vorzubereiten, Gedanken über Mimik, Gestik, Lautstärke, Tonfall etc. der am Prozess beteiligten Personen machen. Dabei könnte z. B. das ausweichende Verhalten Görings deutlich gemacht werden. Das anschließende Vorspielen durch einige Gruppen sollte im Plenum unbedingt kritisch beurteilt werden, um ein mögliches „Heroisieren" der Angeklagten zu vermeiden.
17	Eine weiterführende vergleichende Analyse von aktuellen Wahlplakaten bietet sich in Zusammenarbeit mit dem Sozialkundeunterricht an. Eine Sammlung von Wahlplakaten verschiedener Parteien findet sich bei: www.wahlsplitter.de/information5.html
20	Als Zusatzaufgabe wäre denkbar, dass sich die Schülerinnen und Schüler mit der Einführung des Euros im Jahr 2002 und den damaligen Ängsten der Deutschen vor einer vermeintlich schwachen Währung beschäftigen. In einem Brief an einen fiktiven französischen Brieffreund können die Schülerinnen und Schüler die Bedeutung der D-Mark für die westdeutsche Geschichte erklären. Zu diesem Zweck sollten sie sich auch über die „Hyperinflation" im Jahre 1923 und deren Auswirkung auf das Verhältnis der Deutschen zur Weimarer Republik erkundigen.
27	Der Text „Die Lösung (1953)" von Bertolt Brecht bietet sich für eine Diskussion der Geschehnisse des 17. Juni 1953 an (Bertolt Brecht: Gesammelte Werke, Bd. 10. Frankfurt/M. 1967, S. 1009). Vergleichend dazu kann die Stellungnahme von Kurt Barthel („Kuba"), Sekretär des Schriftstellerverbandes der DDR, herangezogen werden (vgl. Klausurvorschlag in: Geschichte betrifft uns 3/2003, S. 23).
34	Die für Station 6 vorgesehenen Filme über „Die wilden 60er Jahre", ausgestrahlt vom Südwestrundfunk, können in Landesbildstellen ausgeliehen werden. Zusätzliche Textinformationen, Links, didaktische Materialien sowie Anregungen zur Unterrichtsgestaltung finden sich unter www.wissen.swr.de/sf/_sp_indx.htm Ergänzende Lehrerinformationen (www.lehrer-online.de/dyn12.htm) können ebenfalls online abgerufen werden.
36	Um die Indoktrination der Schüler im Sinne des DDR-Systems nachvollziehen und gestaltend umsetzen zu können, empfiehlt es sich, vor dem Lernzirkel die Einheit „Propaganda durch Feindbilder" (vgl. S. 48) zu behandeln.
37	Als literarische Momentaufnahme einer exemplarischen Kindheit in den 1950er Jahren bietet sich die Lektüre der Erzählung „Der Tag, an dem ich Weltmeister wurde" von F. C. Delius (Buchners Schulbibliothek der Moderne, Bamberg 2000) in Zusammenarbeit mit dem Deutschunterricht an.

40	Eine Linksammlung mit Witzen aus 50 Jahren DDR/BRD findet sich bei: www.hdg.de
34–44	Es bietet sich beim Lernzirkel an, Zeitzeugen in die Klasse einzuladen, die vom Alltag in der BRD bzw. DDR berichten können. Die Interviews können später ausgewertet werden.
50	Die Schülerinnen und Schüler können Abbildungen zur Mondlandung suchen und ihre Kommentare als „professionelle" Zeitungsartikel gestalten.
56	Die bei der Internetrecherche gefundenen und aufbereiteten Materialien über die Filme können mit Abbildungen (z. B. Filmplakaten aus dem Internet) zu einer Wandzeitung zusammengestellt werden.
66	An Station 9 sollten einige Asien-Kataloge der gängigen Reiseveranstalter (kostenlos in jedem Reisebüro erhältlich) bereitliegen. Mit Hilfe eines Fragenkatalogs, der im Unterricht erarbeitet wird, können die Schülerinnen und Schüler Interviews mit Bürgerinnen und Bürgern vietnamesischer Herkunft durchführen. Die Ergebnisse können ausgewertet und in der Schülerzeitung oder einer Wandzeitung präsentiert werden.
67	Die bei der Internetrecherche gefundenen und aufbereiteten Materialien über die Filme können ähnlich wie bei Seite 56 mit Abbildungen zu einer Wandzeitung zusammengestellt werden.
68	Was aus den Rebellen der 1968er-Generation mittlerweile geworden ist, erfährt man von Reinhard Lindner, der sich mit den „Rebellen auf der Zielgeraden" (www.hanflobby.de/archiv/68er.html) kritisch auseinandersetzt.
75–76	Die Schülerinnen und Schüler können sich in Gruppen über die Hintergründe des Terrors und die Leitfiguren der RAF informieren und ihre Ergebnisse in Form von Wandzeitungen zusammentragen.
77	Als Vertiefung kann das Thema „Der Kampf gegen den Terror – Gefahren für und durch den Rechtsstaat" behandelt werden. Dazu sollten sich die Schülerinnen und Schüler über die damals erlassenen Gesetze (z. B. Extremistenerlass, Kontaktsperregesetz) informieren. Außerdem wäre als Zusatzaufgabe denkbar, dass die Schülerinnen und Schüler in einem Kondolenzschreiben des damaligen Bundeskanzlers, Helmut Schmidt, an die Witwe Schleyers Argumente für und gegen die unnachgiebige Haltung des deutschen Staates während des „Deutschen Herbstes" abwägen.
80, 81	Im fächerübergreifenden Arbeiten in Kooperation mit Deutsch kann die Analyse von Wolf Biermanns Texten durchgeführt werden. Dazu bietet sich z. B. seine politische Lyrik an (Wolf Biermann: Für meine Genossen – Hetzlieder, Balladen, Gedichte. Berlin [West] 1972). Ertragreich ist zudem ein Vergleich mit Heinrich Heine, dem Vorbild Biermanns, was ausführlicher durch eine Gegenüberstellung von beider „Deutschland. Ein Wintermärchen" geschehen kann.
82	Sinnvoll erscheint es in diesem Zusammenhang, auf Parallelen und Verbindungen zwischen der westdeutschen und der ostdeutschen Friedensbewegung einzugehen. Zu einer Gegenüberstellung bieten sich beispielsweise der „Berliner Appell" von Rainer Eppelmann und Robert Havemann (1982) sowie der „Krefelder Appell" als zentrales Dokument der westdeutschen Friedensbewegung an.
83	Anhand der beiden Lieder „Russians" (Sting, 1986) und „Leningrad" (Billy Joel, 1989) kann thematisiert werden, welches klischeehafte und vage Russlandbild aufgrund der politischen Eiszeit existierte.
84–89	Ergänzend zum Thema kann der Film „Goodbye Lenin" angeschaut werden. Begleitendes Unterrichtsmaterial zum Einsatz dieses Spielfilms im Geschichtsunterricht findet sich auf der Homepage der Bundeszentrale für politische Bildung: www.bpb.de
90	Die Briefmarken thematisieren folgende Ereignisse: A: Einführung der D-Mark/Währungsreform (1948); B: Gründung des Bundesrepublik Deutschland (1949); C: Berliner Luftbrücke (1948/49); D: Flucht und Vertreibung (1945/46); E: Marshallplan (1947); F: Zerstörung der Städte (1945)
92	Die Münzen zeigen (von links oben nach rechts unten): Konrad Adenauer, Willy Brandt, Ludwig Erhard, Theodor Heuss, Kurt Schumacher, Franz Josef Strauß.

Ideen für Ihren Geschichts-Unterricht

Hilke Günther-Arndt (Hrsg.)
Geschichts-Didaktik
Praxishandbuch
für die Sekundarstufe I und II
296 Seiten mit Abb., Paperback
ISBN 978-3-589-21858-5

In diesem Praxishandbuch finden Sie wissenschaftliche Grundlagen und praktische Hilfen für den Unterrichtsalltag:
- *Geschichtsunterricht, Geschichtswissenschaft und Geschichtskultur,*
- *entwicklungs- und lernpsychologische Grundlagen historischen Lernens,*
- *Lehr- / Lernszenarien,*
- *neue Medien und historische Quellen,*
- *interkulturelles Lernen,*
- *fächerverbindender und fächerübergreifender Unterricht.*

Harald Parigger
Fundgrube Geschichte (*Neue Ausgabe*)
288 Seiten mit Abb., Paperback
ISBN 978-3-589-22177-6

Komplett erneuert: Die bewährte Fundgrube Geschichte: Das Themenspektrum umfasst u.a. Streiflichter zur Religionsgeschichte, Einblicke in die Geschichte der Medizin, Umgang mit Denkmälern und Mahnmalen, Fortschritt durch gestaltende Frauen, einen Kurzlehrgang zur Bildinterpretation, archäologische Quellen sowie die sinnvolle Nutzung von PC und Internet im Geschichtsunterricht.

Realschule Enger
**Lernkompetenz:
Geschichte, Geografie,
Politik, Religion**
Bausteine für das 5. bis 10. Schuljahr
200 Seiten mit Abb., Paperback
mit CD-ROM
ISBN 978-3-589-21856-1

Die Unterrichtsvorschläge sind didaktisch-methodisch auf die Lehrpläne abgestimmt. Sie trainieren:
- *das Mind-Mapping,*
- *effektive Lernformen,*
- *Lesetechniken,*
- *Markieren und Strukturieren,*
- *Notizen und Präsentationen.*
Mit Hilfe der beigefügten CD-ROM können Sie die Materialien Ihren Bedürfnissen anpassen und ausdrucken.

Harald Parigger
Geschichte erzählt
Von der Antike
bis zum 20. Jahrhundert
368 Seiten, Paperback
ISBN 978-3-589-20940-8

Die eigens für diesen Band verfassten Erzählungen sind zum Vorlesen bestimmt. Sie beleben den Unterricht vom 5. bis 8. Schuljahr. Der sachliche Kern entspricht dem heutigen Stand der Geschichtswissenschaft. Die Alltags- und Sozialgeschichte bildet den inhaltlichen Schwerpunkt.

Fragen Sie bitte in Ihrer Buchhandlung!